삶은

잘 비비지 못한

매운 비빔밥이다

송창재
삶은 잘 비비지 못한 매운 비빔밥이다

발 행   2022년 2월 01일
저 자   송창재
발행인   김옥자
편 집   표천길

펴낸곳   문학광장
주 소   서울 구로구 구로동 609-24 한성상가A동209호
전 화   (02)2634-8479
팩 스   0505-115-9098
등록번호 구로 바00025
         (2007년 12월 12일)
ISBN   979-11-86521-51-9

값 15,000원
*저자와의 협약에 의해 인지는 생략합니다.
*잘못된 책은 바꾸어 드립니다.
 본지는 한국간행물윤리위원회의 윤리강령 및 실천요강을 준수합니다.

-송창재 제3집-

삶은
잘 비비지 못한
매운 비빔밥이다

문 학 광 장

Song Chang-jae Poets/ Essayists

송창재 詩人/隨筆家

1954년 전북 군산출생 / 1981년 원광대학교 법학과 졸
2013년 군장대학교 사회사업경영과 졸
사회복지사, 평생교육사 취득
2019년 현재 방송통신대 국어국문학과 3년 휴학중
문학광장 2017년 67기 수필부문당선 등단
지필문학 2018년 77기 시조부문 당선 시 등단
전 전라북도 장애인 종합복지관 자문위원 겸
기관지 칼럼연재
현 문학광장 편집위원 겸 수필부문 심사위원
저서: 송창재 에세이, 시선집
  " 세상이 왜 사냐고 묻거든"2019년 문학광장
  " 삶은 잘 비비지 못한 매운 비빔밥이다"2022년 문학광장
시집:"그리운 것들은 그리워 하자"

제 3집, 나의 책을 펴며.

이제 겨우 세 번째이다.
세 번을 전부라고 할 수는 없다.
비록 산 것은 짧지만 고난 투성이였다.
그렇다고 그것을 전부 담아낼 수는 없어도 쌓여가는 이야기에 나를 적어보고 싶은 간절함에 또 한권의 이야기책을, 내 인생의 이야기책을 펴낸다.
 천여 개의 쌓여있는 긴 이야기들과 짧은 이야기들이 다투어 나를 말하고 싶어 한다.
자랑할 것은 없다. 자랑하고 싶지도 않다.
다만 이렇게 생각하며 이렇게 실아 왔노라고 이야기 할 뿐이다.
그래도 내게는 안타까워서 스스로 미안한 이야기들이다.

 다 말하지 못하고
더듬거리면서 어떻게 말해야 내 얘기를 할까 망설이며 중얼거렸다.
그렇게 속의 소리로 웅얼거리니 누가 알겠는가.
하지만 그렇게 중얼거리기조차 하지 않으면 속은 타 내려서 검정 숯덩이가 되었을 것이다.
자꾸 검정 숯 물을 흘러 보내면
언젠가는 맑고 예뻐, 송사리들과 각시붕어들이 노니는 냇물이 될 거라고 믿으며 물꼬를 터서 흘려보낸다.

 그런데 벌써 세 번째 이야기책을 내 놓는가 보다.
또 네 번째, 다섯 번째, 여섯 번째 쓰다보면 이제 그만 말해야겠다하고 맥이 풀릴 때가 있을 것이다.
 그때까지 쓰면, 하고 싶은 얘기를 남기지 않고 다 할 수 있을까?
아마 그래도, 그래도 또 말하고 싶을 것이다.

하지만 그때까지만 엮고 나머지는 숨기고 가지고 가자.
어차피 나의 알맹이들이니까 내 책임이다.
그때까지만 있는 것, 생각하는 것 쓰고 그래도 남거든 가지고 가자.

 역시 내 인생은 골고루 섞어 잘 비비지 못한 고명도 없는 매운 비빔밥이니까.
그래도 울면서도 먹어야 할 밥이니까....

밥을 짓듯이 글을 쓴다.

차 례

저자약력 ········ 05
제3집, 나의 책을 펴며 ········ 06

제1부 그리움

골목풍경 ··· 17
가을의 소리 ·· 18
공중전화 ··· 20
국화꽃 차를 마시며 ································· 22
나룻배 ·· 24
마지막 연애편지 ······································ 26
분향실 4 ··· 28
붕어빵, 포장마차 그리고 냉면 ················· 30
빨간 우체통 ·· 32
사진 한 장 ·· 34
소 슬피 울던 곳 ······································ 36
시골 주막 ··· 38
십칠 번 버스 ··· 39
옛날 막걸리 ·· 40
울타리 ·· 41
이국의 새벽 ·· 42
지독한 사랑 ·· 44
향수 ··· 46
한 장 밖에 없는 사진 ······························ 48
환갑이 된 그 애 ······································ 49

● 송창재 에세이/ 시선 3 집

제2부 이걸 빵이라고 파세요?

첫 번째 이야기 ·· 53
두 번째 이야기 ·· 57
세 번째 이야기 ·· 60
네 번째 이야기 ·· 64
다섯 번째 이야기 ··· 69
여섯 번째 이야기 ··· 73
일곱 번째 이야기 ··· 77
여덟 번째 이야기 ··· 82
아홉 번째 이야기 ··· 87
열 번째 이야기 ·· 91
열한 번째 이야기 ··· 95
열두 번째 이야기 ··· 99
열세 번째 이야기 ··· 103
열네 번째 이야기와 에필로그 ·· 107

차례

제3부 기다림

건널목 ··· 113
가을아 ··· 114
개벽 ··· 116
공허 ··· 118
빈 배 ··· 120
빛 ··· 122
삭발 ··· 123
심포 늙은 보리밭 ··· 124
영실 가는 길 ··· 126
겨울새(선유도 망주봉 앞바다) ································· 127
오월이 오면 ·· 130
저녁노을 ··· 132
저문 바다(선유도에서) ·· 134
화사 ··· 135
풍란 ··· 136
환희 ··· 138
연애편지 ··· 140
여승의 배롱나무 ·· 142
청춘 ··· 144
실루엣 ··· **146**

제4부 수학여행

모놀로그 ·· 149
국민학교 ·· 152
중학교 ·· 155
고등학교 ·· 158
대학교 ·· 161
나는 하늘 바로 밑까지 갔다! ·· 165
드디어 하늘을 날았다 ·· 170

제5부 외로움

가난한 아내 ·· 177
가을을 듣다 ·· 178
굽은 나무 ·· 179
밤 부엉이 우는 밤 ··· 182
마지막 열차가 떠난후 ·· 183
소 ·· 186
보리가 익을 즈음 ·· 188
순대국밥 ·· 190
시인의 아내 ·· 192
이름 ··· 194
흔적 ··· 196
해장국의 기억 ··· 197
추억으로 가는 길 ·· 198
하얀밤 ··· 199
창가에서 시를 쓰다 ·· 202
재즈를 들으며 ··· 203
죽음에 이르는 병 ·· 206
집시의 사랑 ·· 208
작은 어깨 ·· 210
잠 안 오는 밤 ··· 212

11

차례

제6부 스승들과의 만남

국민학교 ··· 217
중학교 ··· 223
고등학교 ··· 228

제7부 병상일기

11/2 ··· 236
11/4 ··· 238
11/9 ··· 239
11/12 ·· 240
11/13 ·· 242
11/15 ·· 244

제8부 주홍빛 그리움

문헌서원 · 246

그리움 · 247

가을대추가 붉어지면 · 248

보름달 · 249

오일장 · 250

십칠번 버스를 타고 있었다 · **251**

竹 · 252

仁 · 253

역지사지 · 254

인연 2 · 255

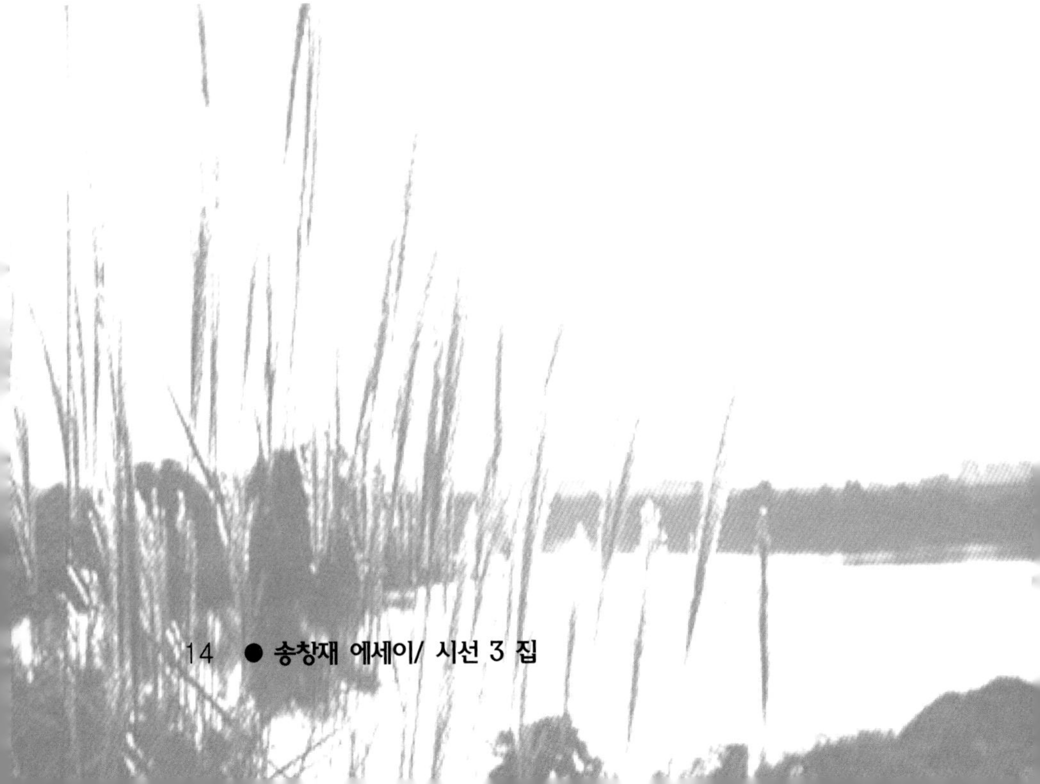

제1부
그 리 움

골목 풍경

삽짝 밖 고샅에는
놀 거리가 가득했다.
내일의 꿈이었다.

여름 철
뙤약볕에 달려드는 호랑이 빗속에
처마 밑으로 기어들어
호랑이 장가가길 기다린다.

한 겨울 눈밭에서
얼음 박힌 손이 터서 손 등이 갈라져도
개골창 어름 밭에 썰매타고 뒤집어지고
언덕배기 비료부대 미끄럼 엎어지고
젖은 옷 말리느라
손바닥 양지쪽 해바라기
그래도 좋다고

자치기 제기차기 구슬치기 고무줄놀이, 팔방놀이, 핀치기
비석치기 땅뺏기
숨바꼭질 말뚝 박기 불알놀이

왁자지껄 웃는 소리
욕지거리 우는소리
어린 꿈이 자라는 소리

그 곳이
삽짝 밖 고샅이었다.

가을의 소리

가을은 뚝 떨어져
가슴을 철렁 내려 앉혔습니다.

그날 밤새 빨갛게 물이 들어서
참, 예쁘다! 했던 단풍잎 하나가

어제는
작은 가을비 한 빙울에
그동안 버텨오던 힘을 풀어 버렸습니다.

간밤에
앞대문 가에서
무엇이 쿵 내려앉더니

그 예쁜 아이가 벌써
그 작은 비에
마지막 아우성을 지르며
저 보다도 더 쇠잔한 잔디 위에
제 몸을 부려 버렸습니다.

싱싱한 가지에 푸르게 달려
매미도 앉히고 장마철 고추잠자리에게
잠자리를 만들어 주더니

아직도 미색은 경국지색인데
추한 모습 보이기 싫어서
밤새 나도 몰래
툭하고 놓아 버렸습니다.
예쁜 저만 기억해 달라는 듯이

사철을 살아 온 온 모습은
모두가 귀한 아름다움이었는데
그것이 싫다고
밤새 놓아 버렸습니다.
간밤의 쿵 소리는
붉은 단풍잎이 내게
가을이 감을 알리는 소리였습니다.

공중전화

작은 선반 옆구리에
고리철사에 꿰어 묶인
안면도 없는 수많은 사람들이
굴비 엮이듯 대롱대롱 묶여 있었다.

그리운 얼굴 그리며
손가락에 침 발라 가나다를 찾다보면
부모님이 원망스러웠다.

가 씨였으면 금방 찾을 텐데
차라리 하 씨였으면 뒤에서부터 찾으련만

하필이면 송 씨라
앞뒤의 가운데라
얇은 종이 침 발라넘기며
할까 말까 갈등에 가슴만 뛴다.

찰칵 떨어지는 동전 소리에
보고 싶다는 말도 못하고
지금 비와 하고는
그냥 끊었다.

그래서 어쩌라고 대답만 들었는데
가슴은 훔쳐보다 들킨 관음증 환자처럼
쿵쾅거린다.

공중전화 부스는 비 오는 날
보고 싶다고 말하러 갔다가
비만 피했다.

바보였던 그때
그 빨간 통 속에도
마구 무서운 소나기가
함께 내렸었다.

이제는
사랑이
손 전화로 쥐어져 땀을 흘린다.

그때는 찾아간 사랑이었는데
공중전화 속 네가
참 그립다.

국화꽃 차를 마시며

초가을 파리한 무서리에 그렇게 청초하여
아침 이슬 함빡 머금은
아직 덜 핀 너를 거두어

거침없이 맑은 가을 예쁘게 간직하려
깨끗한 대 채반에 그 하늘을 말렸는데

그리 맑고 향기로운 네 모습이 환하고
고향 꽃밭 한쪽에서
뭇 벌들을 모으던 그 자태 선한데

질 찻잔에 더운 물 부어
이제야 활짝 핀 네 모습을 보는구나.

온 방에 퍼진 향기 아직도 이러한데
피지 못한 너에게 그리도 미안했다

고운 햇볕만 골라 입혀 주었지만
덜 핀 네가 애처롭고 미안했는데
이제야 잔속에서 활짝 피어나는 구나

포근히 감싸 안아 이렇게 널 보니
지난 가을 하얗던 노란향기 눈에 아롱거린다.

너를 만진 아침 이리도 쇄락하니
너와 놀던 벌들 네가 그리울 텐데
네게 입힌 가을빛도 그리워 선한데

고맙다
어린 네가 내 잔 속에 이제라도 피어주니,

나룻배

강 건넌 적 언제였는지
큰 바다 보고 싶던 낡은 나룻배

강가 모퉁이 살짝 지나는
실잠자리 바람에도
행여 누구일까 삐걱거리며
노만 들었다 놓았습니다.

그리던 바다는 꿈에 그리워
파도치면 울고
금장 두른 새하얀 제복
파이프 담배의 포르스름한 향이 그립습니다.

어깨너머
이태 전에 놓인
험상궂은 콘크리트 다리 보며
들꽃 핀 건너 강가를 그리워합니다.

이제 저곳이 피안이니

늙은 사공
행여 누가 가자할까
텅 빈 나루에 앉아
먼 바다를 꿈꾸며 물여울만
한없이 바라보고 있습니다.

여보, 사공
나도 좀 건너 주시게나
노 없어 그 곳을 못 간다오.

마지막 연애편지

여보, 조금만 기다려 줘

170의 작은 널빤지 속
꽁꽁 묶인 누런 삼베 보퉁이 속에

살아 처음 입은 곤룡포를 걸친 듯
넓은 소매 속에는

일생을 갈고 다듬어
박사. 사장 아들 만든
울퉁불퉁한 쇠말뚝 같던 팔뚝이
축구 선수로
알 밴 무수 같던 장딴지가

말라 비뚤어진 노가리 한 축처럼
볼품없이 말라빠져 달랑거리고

이제 영원히 볼 수 없는 그 모습은
웃는 듯 우는 듯
잘 살 듯 못 살 듯
휘둘러보지도 못하고
판자쪼가리 막힌 천정만 쳐다본다.

그렇게도 반짝이던 초롱한 눈 이었는데
둘러 모여 들고 있는 향초를 흠향하듯

눈물지으며
널빤지 위에 쓴 마지막 연애편지는
"여보 조금만 기다려
힘들고 외로워도 조금만 기다리고 있어
나
곧 갈게"

순결한 하얀 베에 속마음 감추고
관 덮어
마지막 연애편지를 그의 가슴에 넣어
함께 보낸다.
조금만 기다려
나, 갈게

분향실 4

나가는 곳은 하나였다.
정든 모든 이들과
미운 정 고운 정 쌓인 인연은
밝게 맑게 타 흐르는
향초 두 자루와 검정 띠 두른
사진 한 장뿐이었다.

지상의 번뇌를 웃음으로 마무리 하며
뜨거운 화로에서
삶의 고뇌를 뜨겁게 녹여버린다

세상 뜨겁고 답답하던 난로 속에서
담금질했던 고단한 몸통을
이제는
영원히 녹여버릴 화구 속으로
레일 차를 타고 미끄러져 들어가며
미련도 없이
부드럽게 끝 맞추어

남은 정 하나
젊은 미소년의 미소 속에
은은히 남겨두고
날개 달아 떠나가신다.

온 산에 벚꽃이 만발하고
붉은 영산홍의 꽃 등을 쓸며
벚꽃 흰 꽃구름 사이로
웃으며 훠이훠이 떠나다.

붕어빵, 포장마차 그리고 냉면

겨울 간이 버스정류장 골목
붕어빵 굽는 비닐하우스를 보면
네가 그리워 못 본 척 할 수가 없어.

뜨거운 붕어빵은
바삭한 날개가 많은 것이 맛있다며
아줌마 곁에 붙어 서서
팥소를 많이 넣어 달라고 웃으며 부탁했지.
나도 꽁지부터 먹으며 너를 생각한다.

흑석동 언덕을 눈 맞으며 내려 올 때.
내 호주머니에 살며시 손을 찔러 넣으며
따뜻하다고 씽긋 웃었지.

포장마차 아줌마 춥겠다며 어묵을 사 먹자더니
어묵 국물에 꽁치 구이와
피 조개 양념 구이를 잘도 먹었지.

그리고
잔술로 소주를 마셨지
소주 한 잔에
타고 있는 연탄 불 꽃보다도
너는 더 빨갰었지.

광화문 뒷골목 냉면 집이 양이 많다며
싸늘한 겨울에도 시원한 냉면을 먹고
계란은 나 먹으라며 건져 주었지

왜? 갔어?

붕어빵, 포장마차 꽁치구이 냄새에
삶은 계란의 통통한 흰 속살을 보면
내가 보고 싶어질까?
겨울이 왔는데

빨간 우체통

삽짝 없는 집 앞에 빨간 우체통은
잔디 있는 집 주인의 사랑을 알게 합니다.

한 통의 사랑편지를 기다리며
두통의 편지를 사랑하는 이에게 쓰는

작은 글씨로
꾹꾹 눌러 담았을 멋신 주인이
누구인지 알려고 하지 않아도

빨강 우체통을
문 없는 대문가에
깨끗하게 닦아놓은 그 분은
누구를
얼마나 사랑하는지 알 수 있잖아요.
그 분을 안 보시면 모르시겠어요?
빨강 우체통 속에 가득한
사랑의 손 편지를
예쁜 빨강 색의 편지지에 곱게 쓸
청결한 정열이 가득한
사랑의 그 임이실 겁니다.

말없이도 사랑할 줄 아는

집 앞 한길 앞에 서 있는 우체통에
사랑,
가득 담아 드리렵니다.
사랑합니다!

사진 한 장

가슴 아프게 하여야만
사진 한 장조차도 남겨두지 않을 것이라고 모질게
부탁한 말

그렇다고
전부 지워서는 안 된다고
그렇게까지 잊히고 싶지는 않다고

지워지기는 싫으니
그냥 한 장만 남겨 두어주면 안되겠느냐고

지우기 싫은데 지워야 한다면서
지워야 한다면서 남겨 두어야 하는 것이
사진 한 장이다.

다 지우고
가슴속 깊이 남은 추억으로만 간직한다면
보고 싶고 또 너무나 보고 싶을 때
문득
애타게 그리워 다시보고 싶을 때

너무 깊어 꺼내지지 않을 때
지워버린 사진은
아쉬워 동동 그리며 애달픈 눈물을 흘릴까 봐
한 장의 사진마저 지우지 못하는 것은
남겨진 너에 대한
처절한 그리움 때문이리라.

아픈 사랑이 있으리라
하지 않으리라 하면서도
아직도 지우지 못해 지금도 그리워하며
남겨 둔 한 장이 그리도 고마워
백년의 전설을 읽는다.

넌 알까.
그 백년의 사랑의 그리움을.

소 슬피 울던 곳

불에 달군 대꼬챙이
연한 생살 헤집어 뚫리던 날
그 아이는 슬피 울었습니다.

두고 온 엄마 보고파
목 놓아 울었습니다.

따뜻한 가슴 머리로 눌러 짜던
온 사랑 가득 찬 엄마를 두고
산 넘어 내 건너
어린 송사리 때 노는 모습이 그리도 슬퍼서
재 넘어 목 놓아 울고
내 건너 목메어 울었습니다.

물푸레 코뚜레 생 살 속에 채워질 때
엄마가 슬퍼서
그렇게 또 울었습니다.
고삐에 끌려
등짝에 짚 멍석 멍에 얹힐 때

그리운 엄마
평생이 불쌍해서 울었고
이걸 언제 내리나
무거워 울었습니다.

해 뜰 녘
여물통에 짚 섞고 겨 섞인 거친 기울 먹고
산 넘어 이랑 긴 돌밭을 길게 메다가

어딘 줄 모르는 하늘 한번 쳐다보면
엄마가 보고파 긴 울음을 울었습니다.

집 떠나 10년
친정붙이들 보지 못했다고
긴 여운 남기며
왜가리 뒤 쫓는 물 찬 앞 논 쟁기질에
애먼 왜가리에게 소리를 지르더니

엄마는 나 낳을 때
처음 멍에를 내렸다고

나는
올려보는 구름이 멍에 진 엄마라서
시집 안 가리라
내 멍에 벗지 못 해도
내 새끼 그러지 않으리라고

붉은 석양
비탈진 언덕 내려오며
허기진 배고파 먼 산 바라보며

엄마가 그리워
또 길게 울었습니다.

시골 주막

찌그러진 주전자에
땅속 파묻힌 항아리 속을 작년 지붕 탄 박
큰 바가지로 휘휘 저어
주둥이에 넘치도록 한 가득 담아내면

이빨 빠진 흰 대접에 철철 넘쳐
손가락 적시며
숨 두 번에 바닥이 보인다.

멋진 터럭 난 쩍 벌어진 가슴팍에
땀처럼 흘러 밴 막걸리 반 사발은
베적삼 흘러내려 고쟁이까지 젖어도

밑 검게 탄 누런 양은냄비에
무시래기 푹 고아 낸
파리먼저 맛보았던 황금 토종붕어 한 젓가락에
입 싹 씻고
해 떨어지는 뒷논으로 잽싸게 내 달린다.

십칠 번 버스

애달픈 그리움에 창 너머 허공 보며
저 산에 그리움이 반 넘어 남았는데
아닌 듯 먼 산보면서 외로움에 치 떤다.

그림자 어둠속에 갇힌 듯 스치듯이
외로 꼰 시선가에 남겨진 모습만이
못 본 척 지나치듯이 찰라 에서 멈춘다.

바람이 차창 가를 흔들어 놀란 듯이
후다닥 고개 돌려 허공만 서글퍼라.
스쳐간 그 자리마저 온기 없이 차갑다

십칠 번 그 안에서 가만히 내려 보고
그리움 두고 가며 그래도 뜨거운데
아무리 돌아서가며 내달려도 서럽다.

감춰진 서러움이 시골 한길 모퉁이에
흰 바람 비워 돌아 갈 길을 잃었다
저 바람 가는 그곳을 망연스레 그린다.

옛날 막걸리

사랑은 옛날 막걸리이다
한 바가지 퍼서 휘휘저어 섞어
나누어 마시는 거다.
기쁨, 슬픔, 괴롬, 외롬...
한 바가지에 퍼서
저어 나누어 마시는 거다!
그러나 지금은 병 막걸리가 되어버렸다.
그래도 많이 흔들어 쉬자!

울타리

유월의 줄 장미 걸린 울타리는
안 밖의 서먹함을 허문다.

구멍 숭숭한 울타리에
얼기설기 넝쿨진 색색의 장미는
안 사람 밖 사람의 이야기꽃이다.

가지런히 손질된 시골 담장 넘어간
향수 젖은 바람은

감나무 마주 묶어
대 바지랑대 세운 빨랫줄의
뽀얀 이불호청에 앉아
곁에 놀러 온 보리잠자리와
옛 주인의 얘기를 나눈다.

잘 자란 잔디마당을 들여다보는
무심한 나그네마저

옛 주인의 비밀을
바람에게 듣는다.

보고 싶다고!

이국의 새벽

새벽 여섯 시는 새벽이 아니다.
제켜둔 커튼 밖으로 날이 환하고
건너편 노란머리 아이가 벌써
아침 담배를 피우니
그래서 아침일 뿐이다.

오월 가까운 사월은
새벽도 없이 아침이 온다.
아버지 출근하던 겨울은 오밤중 이었는데.

아침 하얀 하늘이라
연기도 보이질 않는데
노랑머리 계집애는
제 입에서 나오는 한숨을 따라 연기를 뒤쫓는다.

허공을 보면 엄마가 보이나.
자꾸자꾸 하늘만 본다.

아침에 퇴근하는 노랑머리 러시안은
아침 담배가 그렇게도 맛있어 피우나.
연기 속에 엄마를 그리나.

한숨자고 엄마에게 달러를 부치러 나가야 할 것이다.
어린 우리 누나들이 그랬듯이
얼마나 벌었을까.

눈물에
담배를 말아 피운 노랑머리 계집애는
내가 훔쳐보는 줄도 모르고 윗도리를 벗어
젖통이 보인다.
탐스럽다
창문을 닫아 주었다.

이제 꿈을 꾸어야 한다.
멋진 집에
저보다 더 예쁜 딸을 안고 있는
멋진 남편을,

나는 커튼을 드리울 힘이 없다.

이제는 자야겠다.

이국의 허망이다.
어린 우리 누나들이 그랬듯이!

지독한 사랑

이렇게
심장 구석구석을 자자하듯이
뜨거운 피는 용솟음하여

이제는 안 하리라 안 하리라
냉동하여도

어느 새 내 맘은
네 언저리를 기웃거리고 있다.

놀라 뒷걸음치지만
도깨비 놀이에 걸린 몽당 빗자루처럼
걸리고 넘어지다
밤새 내동댕이쳐져
도랑에 쳐 박혀진다.

이제는 잊으리라
잊으리라
너를 위해 잊으리라
입가 피 맺히게 앙 물어도

덩어리진 붉은 핏방울
툭 떨어진
붉은 동백이 되리라

아무리 나를 버려
너를 잊으려 하여도
끝내 벗어나지 못하여
죽음에 이르는 지독한 사랑이어라

차라리
이제는 잊으려 애쓰지 않으리.
그냥 떠오르는 데로
그냥 두고 웃으며 보다
너의 웃음이 그리우면 울다가 잠이 들겠노라
지독한 사랑이여

그러다 그러다가 네 모습 잊으면
나
내게서 잊혀 지리라
지독한 사랑이여!

향수

그 곳에도 그렇게 꽃 피었을까
그 곳에도 그렇게 새 울었을까
그 곳에도 그렇게 바람 살랑일까

그곳에는 그렇게 꽃 피었을 거고
그곳에는 그렇게 새 울고 있을 거고
그곳에는 그렇게 고운 바람 살랑이겠지

뜰에 서면 노란 산수유 한 가득 피고
울 밑에 개나리는 단단한 유두가 풀어지고 있겠지

보드라운 솜털에 안겨
어쩌면 밝게 맑은 하얀 목련은
밤바람에 이슬 무거워
뚝뚝 떨어져 가고
핏빛 동백은 검푸르게 반짝이는 잎 새에 붉어 있겠지.

뾰족이 내민 앙증맞은 튤립은 어떻고.

늙은 탱자 울타리 타고 넘는 참새는
벌써 춘정에 겨워 제 짝을 고르고
까치둥지 진 느티나무에는
연두 빛 물이 오를 텐데

산수유 간질이고 목련 희롱하고
잎 새 속 붉은 동백 만지며 속살을 애무하던 바람은
베어진 느티나무를 찾아 지붕 위를 맴돌겠지

그 곳엔 그 것들이 봄에 있었는데
참 많았었는데.

한 장 밖에 없는 사진

이름 없이
엄마라는 이름으로만 산 사람에게는
이름을 불려진지 오래여서 이름이 없었다.

호랑이가 아니어서 멋진 가죽을 남길 수가 없었고
줄 것도 없어서
그저 말없이 양 볼에 눈물만 남겼다.

그 많던 눈물을
수많은 가슴 찢기는 고통의 회한에

눈 감고
오월 철쭉꽃 만발한 언덕 위에서
하얀 날개를 펄럭이며 꽃 속으로 날아갔다.
나비의 허물을 남기고.

끝내 눈물을 말리지도 못하고 날아간
남긴 이름은 엄마라는 나비였다.

환갑이 된 그 애

한 바퀴 돌아 제 자리에 서면
방향이 보이지를 않는다.
고개 돌리면,
색동옷 입고 세배 다녀오던 박꽃 같던 아이여서,
나는 이름 없이 그냥 "막내야"였다.

"오빠, 나도 벌써 환갑이야!"
어머니는 편안한 웃음을 그때처럼 웃으시며,
"야, 막내야. 오빠들, 작게 상하나 차려드려."라시던 모습이,

"엄마, 나도 스물네 살 아가씨야.
이제 오빠들 술상은 싫어."하던

막내 큰 애기가.
"오빠, 나 이제 환갑이야."한다.
"내 신랑이야."하며.

꽃 이불 덥고 누워계신 엄마 앞에.
시키지 않아도 작은 주안상을 차려준다.
"오빠, 나 이제 환갑이야!"
또 환갑 이란다!

그렇구나. 벌써.

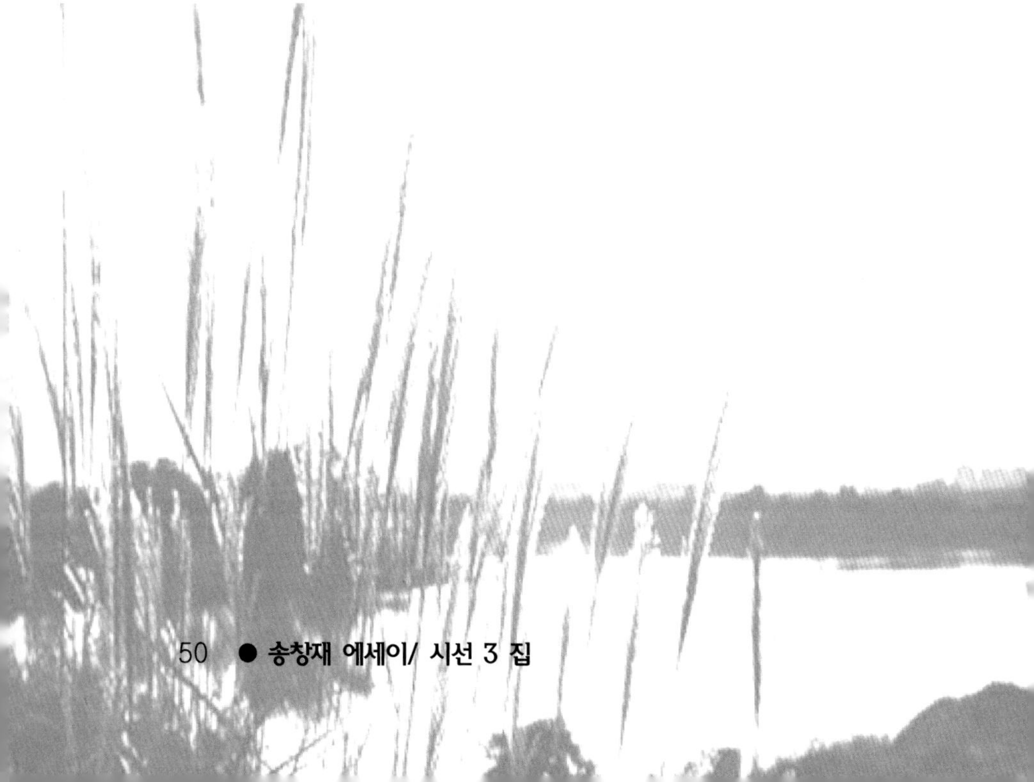

제2부
이걸 빵이라고 파세요?

첫 번째 이야기

 1981년도에 대학을 졸업하였다.
73년도에 고등학교를 졸업하고 76년도에 대학에 입학하고, 일학년 마치고 휴학하고 복학하고 졸업하니 28살이었다.
 나는 약대를 졸업하면, 태어나서 부터 군대를 면제 받았으니 남들 군대에 가는 동안에 일찍 사회에 나와 돈도 벌고 장가도 친구들보다 먼저 갈 수 있다고 좋아했었다.
 그러나 군대에 다녀와서 복학한 친구들보다도 오히려 세상살이가 훨씬 더 늦었다.
 그랬는데도 나는 공부하는 것만큼 좋고 자신 있는 것이 없을 뿐더러, 밥 벌어먹고 살 자격증을 취득하기 위하여 전문대학에 편입하기로 하였다.

 내가 졸업할 무렵은 대학에 최루탄이 난무하던 시대였고 소위 3김 시대가 와서 명실상부한 민주화가 될 수 있을까하는 기대에 들떠 있었지만, 정치권은 국민들의 기쁨과 기대를 자기들의 권력 잡기에 이용하는 권모술수와 음흉한 욕심으로 여지없이 짓밟아버려 또 다시 나라를 엉뚱한 자들에게 헌상한 어두움이 넓게 깔려있던 더러운 시대였다.
 하지만 그 당시 졸업생들의 취업기회는, 신입사원 채용이 한 해에 두 번씩 있었다.
전반기에는 정기적인 신입사원의 채용기간이었고, 후반기는 정권에서 정책적으로 길러낸 R.O.T.C.들의 제대시기에 맞춘 그들만의 리그였지만… 그래도 채용기회가 두 번이나 되었었다.
 그래서 무시 받는다고 투정하던 지방대 출신들도, 저만 잘하면 두 군데도 뽑힐 수도 있으며 내 주위에도 여럿이 있었다.

그 중에 가장 흔했던 것이 재학 시 교직과목을 이수하여 국, 공립학교의 교사로 취업하든지 순위고사도 없는 사립학교의 교사로 나가는 것이었고, 자격시험으로 그때 막 시작한 공인중개사 자격은 거저 주워오다시피 했다.

그런데 이미 입학 때부터 교직을 이수할 수 없다는 옵션에 묶인 체 입학한 나는, 이수한 교직과목들을 교양과목으로만 인정받을 수 있을 뿐이라 교생실습에 나갈 수가 없었고 따라서 교사자격증을 받을 수 없었다.
 그 당시에 약삭빠른 애들은 공인중개사를 주워왔지만, 나를 비롯한 어설픈 책상물림들은 무슨 놈의 복덕방이 자격이 필요하냐고 우습게 넘겼다. 세상이 땅과 집으로 팔자를 고치는 시대가 오리라는 것을 알지도 못하고, 또 그러면 안 된다고 믿었던 미련한 곰탱이들은 결국은 그것하나 줍지 않고 기회를 남 주어 버렸던 것이다.

 졸업을 하려니 남들은 학교로 가네, 은행으로 가네, 대기업에 합격되었다고 교문 앞에 플레카드가 내 걸리는데....
남들이 장에 가니 거름지고 장에 가더라고, 이곳저곳에 이력서를 내보았지만 거름을 사줄 곳은 없었다.
그렇다고 두 번이나 떨어진 사법고시 공부를 더 하겠다고, 없는 가정형편에 형한테 돈 달라고 해서 절간에 묻혀있을 수도 없고...
 그래서 장학금을 받고 쉬운 공부를 해서 자격증을 따는 것이 먹고 사는 데에 지장이 없을 것 같았다.
벌써 스물여덟인데 그때나 지금이나, 나는 나이는 숫자에 불과함을 맹신하는 놈인지라!

 생각해보니 치기공사가 장래성이 있을 것 같았다.

아무리 치과의사들이 갑질을 하더라도 그들이 직접 이빨을 만들 수는 없을 것이고, 앞으로는 이에 대한 미용과 관심으로 수요가 많아 질듯하여 전문대학 치기공과에 편입하기로 계획하고
학교 도서관에 근무하는 고교 선배에게 부탁하여 원광보건전문대학 치기공과를 편입학하기로 이야기해 두었고, 학교로부터도 그렇게 하기로 약속을 받아두었다.
 치기공사의 자격증이 생기면 내가 할 수 있는 수공업이기 때문에 장래성은 나의 역량에 달려있는 것이다.
받아주지도 않는 이력서를 여기저기 내는 것을 포기하니, 사는 것이 가벼워져서 좋았다.

 내 생각대로 모든 것이 이루어졌으면, 나는 아마 우리나라의 '최초'를 두 번 기록했을 것이다.
 첫 번째는 최초의 cc(campus couple)이고, 두 번째는 정규 4년제 대학을 졸업하고 전문대학에 바로 편입한 첫 번째 케이스가 되었을 것이다. 하지만 역사에 나올 기회는 하늘이 도와주어야만 된다는 것을 그때 알았다. ㅎㅎㅎ

 내게는 고2때부터 사귀던 여자 친구가 있었다.
황순원의 소나기에 등장하는 주인공들 보다는 더 늙어 있었지만, 그래도 그때의 우리 정신연령은 그 정도보다도 더 어린 순수함이었을 것이다.
 처음 대학을 면접에서 낙방을 하고나서, 그 이유를 짐작하는 그 애는
"재수하고 내년에는 우리 같은 대학에 들어가자! 그리고 우리 결혼해서 함께 살자.
내가 오토바이 배워서, 너하고 함께 학교에 다니면 되잖아? "

우리 둘이는 엉큼하고 원대한 계획을 세우고, 집에서 멀리 떨어진 곳에 시험을 보았다.
다행인지 불행인지, 그 애는 합격하고 나는 또 낙방이다.
그 애가 등록을 하지 않겠다고 했지만, 그것은 말도 안 되는 발칙한 일이고…
그래서 나는 또 낭인이 되었고, 그 애는 대학생이 되었다.

 나는 낭인이 아닌, 아예 탕아가 되어버렸고.
그 애한테는 큰 다행이었다.
나는 함께 같은 대학을 다니는 최초의 C.C.가 될 기회를 잃었지만 그 애를 위해서 큰 다행이었고, 그 후 삼십 년 만에 그 애와 메디슨 카운티의 다리에서 한번 해후를 했다.
그 애는 지금 행복한 사장 사모님이 되어 아이들의 효도를 받으며 잘 살고 있다.
그 애는 그럴 자격이 충분한 아이였다.

두 번째 이야기

이렇게 전문대에 편입하기로 결정하고, 이력서를 적어서 이곳저곳을 기웃거리지 않아도 되니 마음이 한결 편했다.
그런데 문제는 첫 학기 등록금이었다.
졸업을 하고도 손을 벌려야하니 형님한테 미안했다.
형님도 하시던 사업이 여의치 못해서 힘이 드는 줄 아는데!
그래도 그 길 밖에 없으니..
 형님한테 이야기하였더니, 형수가 학교 다니는 셈치고 절에 들어가서 고시공부를 계속하면 어떻겠느냐고 하신다.
하지만 겨우 삼십 명 뽑는 사시에 합격한다는 자신도 없고, 전문대에는 첫 학기 등록금만 내면 졸업할 때까지 장학금으로 버티면 되고 승부도 확실하니 첫 학기만 보태달라고 했다.
그래서 그러기로 하고 기다리고 있었다.
그렇게 편하게 대기하고 있었는데...

 서류를 챙겨서 학교에 등록하러 갔더니 교무과장 왈~~
편입학이 불가 하단다.
왜 그러냐니깐? 문교부에서 불가하다고 한단다.
이유가 무어냐니깐?
직접 물어보라며 문교부 고등교육국에 전화를 연결해준다.
 내 신상을 밝히고 그 동안의 경위를 이야기하며, 편입이 불가한 것이 사실인지 여부를 확인했다.
 "편입학이 불가하다는 것이 사실입니까?"
 "그렇습니다."
 "이유는 무엇입니까?"

"지금까지 전례가 없습니다."
"전례란 것은, 언제나 처음에는 없는 겁니다. 전례가 없다는 이유로?"
"우리 논리적으로 생각해 봅시다!
전문대학을 졸업하고 일반 대학에 편입이 가능하지요?"
"그렇습니다."
"그러면 4년제 대학을 일 년 마치고 전문대로도 편입할 수 있지요?"
"그렇습니다."
"그렇다면 4년제 대학을 정식 졸업하고 전문대 2학년으로 편입이 안 된다는 것은 논리적으로 또는 상식적으로도 모순이 아닙니까?"
"논리적으로는 그렇지만, 전례가 없어 인정할 수 없습니다."
"당신 누구입니까?"
"고등 교육국 담당입니다."
"그러면 국장 같으신데 그런 유치한 논리가 어디 있습니까? 당신이 유권 해석해 봐도 될 것 아닙니까?"

"그렇게는 할 수 없습니다."
"이건 융통성의 문제가 아닌 당연한 상식문제입니다."
"저는 뭐라 드릴 말이 없습니다."
"그러면 방법은요?"
"예비고사 보시고, 정식으로 응시하여 입학하십시오."
"야 이 개자식들아! 세상에 그렇게도 무식한 것들이 무슨 나라 살림을 한다고?"
"국회에 가서 법을 만들어 달라고 하세요."
그러면서 전화를 끊어버린다.
교무과장은 행정전화로 큰소리에 욕지거리까지 나니 안절부절이고…

세상에! 이제다시 전 과목을 공부하여 아무리 쉽다고 하여도 대학입시인데, 예비고사를 다 시 치르라니?
 차라리 그 기간 동안 고시공부를 하는 것이 더 쉽지!
지금 같았으면 청원이라도 했겠지만!
 이렇게 또 제도라는 사회적 울타리에 갇혀 꼼작도 못하고 말았다.
내 삶의 방향을 또 잃고 말았다.
 이제 할 것이, 갈 곳이 전혀 보이지를 않았다.
다시 고시준비를 하기에는 정말 무모한 치기이고, 나만이 아닌 가족들에 대하여 굴레를 씌우는 짓이고!

 혼자 내 힘으로 할 수 있는 것이 무엇일까!
그때부터 나의 삶의 명제였다
답답할 때면 나와서 담배를 피우는, 집 앞의 언덕 공터가 있었다.
거기서 아래를 내려다보며 앉아서 담배를 피우는데, 저녁에 시장을 가는 사람들이 보였다.
장애가 없는 사람들은 무엇이든지, 힘이 들더라고 자기의 노력으로 먹고 살 수 있는 세상인데...
그런데 우리에게는 이미 주어진 좁은 길밖에는 없으니!
영원히 모든 것을 포기할 수는 없고...
 내가 무엇인가를 만들어 저 사람들에게 팔수가 있다면? 엉뚱한 생각이었다.
그날부터 그 생각만 하였으나, 내가 내 손으로 만들어 상품화할 수 있는 것이라고는 아무 것 도 없었다.
이렇게 며칠 끙끙대다가 먹을 것을, 그리고 오방 빵을 배워서 장사를 해야겠다고 생각을 한 것이다.
그것은 앉아서 할 수 있으니까.
그래서 그쪽으로 올 인하여 순서를 밟아나갔다

세 번째 이야기

 누군가에게 등을 떠밀려 무엇이라도 하지 않으면 견딜 수 없을 모멸감과 내 스스로의 자존심 때문에, 별 계산이 없이 길거리에 나앉기로 하였다.
 아버지께 말씀드리니 아무런 말씀을 안 하신다.
 얼치기양반, 딸깍발이이신 아버지는 사농공상을 지키시는 양반이셨다. 그래서 능력도 없으시면서 인격과 도덕을 금과옥조처럼 되뇌시던 분이라, 그분의 속내가 어떠리라는 것을 짐작한다.
 그렇게도 어린 나를 법조인으로 키우시겠다고 욕심을 부리시다, 중도에서는 약장사를 해서라도 편히 살라고 이과로 강제 전과를 시키시고… 결국에는 약대에서 입학을 거푸 거절당하여 낭인으로 굴러다니다가, 늦게 소위 삼류의 인생을 살게 되니!
 나중에 돌아가시기 직전, 그분이 내게 미안하시다고 하셨다.
 그 당시의 무언은 무엇을 의미하였는지를 이제는 알지만!

 형님께 계획을 말씀드리니 펄쩍뛰시며 공부를 계속하지, 빵장수를 할 수 있겠느냐고 나를 걱정하신다.
 "이제, 숨지 않고 세상에 직접 부딪히겠으니, 조금만 밀어주세요."
하고 부탁을 드려 집 밑의 군산실전 앞에 아는 사람의 가게를 빌었다.
무얼 하려느냐고 주인이 묻기에, 빵가게를 하겠다고 하니 주인아저씨는 깜짝 놀란다.
아버지의 친구시며, 어릴 때부터 나를 봐 오셨던 분이라 설마 하는 것이었다.

그렇게 가게를 빌어놓고 첫 번째 과제는 빵 기계의 구입이었다.
그것이 첫 난관이리라고는 생각도 안했던 일이었다.
나는 순진하게 기계의 구입처를 물어 보았더니 우체국 옆에서 장사하던 그 사람은, 그것도 경쟁이라고 기계의 네임플레이트까지 지워서 알 수 없게 하였다.
오히려 가진 것이 없는 이들끼리의 먹고사는 모습이 더 경쟁적이었다.
싸워야 할 대상을 잘못 선택하는 것이다.
 서울계시는 형님 친구 분께 부탁드려, 없는 것이 없다는 대한민국 청계천에서 기계를 구입하여 가게에 들여놓았다.
생각치도 않았던 일차 난관을 해결하고는, 이제는 내가 가장 걱정했던 빵 반죽의 레시피였다.
당연히 빵장수가 알려 주리라고는 꿈도 꿀 수가 없고, 예상했던 것보다 아주 큰 난관이었고 빵장수의 사활이 걸린 최대의 과제였다.

 만들어 먹어본 것은 라면 끓여 먹은 것 밖에는 없었고...
양반이신 아버지는 남자가 부엌에 들랑거리면 정말 큰일이라도 나는 것처럼 하셨으니..
엄마가 방에서 만드는 것들은 보았지만 부엌에서 하시는 것은 모르고, 대학 자취에서도 여동생과 함께 생활하였어도 자취는 동생이하고 나는 하숙생이어서 밥을 얻어먹고는 고시준비실에서 자면서 동생에게 하숙을 한 것이다.
그러니 의욕뿐이라 식구들이 걱정했던 최대 고비였다.
그때 떠오르는 사람이 있었다.

 예전에 우리 아래동네에서 가내 업으로 빵을 만들어 제과점에 납품하시던 "형제당"의 용덕이형님이었다.

바로 그거였다.
궁하면 통하는 것인가?
형님한테 가서 다짜고짜로 "형님, 저 빵 반죽 좀 알려 주세요."
　"빵 반죽은 뭐하게?"
　"빵장사 하게요."
　"누가?"
　"제가요." 껄껄 웃으며 말한다.
　"미친 놈, 하던 공부나 마저 해서 판사나 되어 엄마 공 갚고 불쌍한 사람들이나 도와줘라."
　그 당시 그 동네도 거의 꼬방 동네의 수준이었는데..
우리 동기들도 많이 살고 있어서 나에 대한 헛소문이 돌아, 내가 고시에 합격해 판사가 되리라고 헛꿈들을 꾸고 있었다.

　첫날은 여지없이 거절이다.
그래도 계속 찾아다니며 진지하게 사정을 하였다.
결국은 나의 상황을 소주 한잔과 곁들여 거나하게 말씀드렸다.
　그랬더니 거의 일주일이 지난 어느 날,
　"나도 일에서 손을 놓은 지 오래되어서, 반죽이 제대로 나올 런지 자신이 없어!"
　"그러면 고쳐가면서 하면 되지요.
　일단은 기본적인 배합 비율만 알려주시면 되요."
　"그러면, 니 가게에서 연습하게 재료부터 사와!" 하면서 재료품목을 써주시며 승낙을 하였다.
이제 돈을 벌면 되겠구나!
마케팅은 어떻게 하지?
김칫국 먼저 마셨다.

새로운 분야에의 도전이라 흥분과 기대가 되었다.
낮에는 용덕이 형님이 직장에 나가시니, 퇴근하고 오시면 우리 가게에서 옛 기억을 살려 매일 1kg씩의 밀가루를 반죽하여 보았다.
 어떤 때는 반죽이 질고 어느 날은 되고, 또 어느 날은 부드럽지 않고……향이 약하고…
매일 거듭되는 실패에, 우리 가족들과 강아지들은 덜 떨어진 밀가루 빵이라는 것을 질리도록 먹게 되었다.
나중에는 강아지마저 싫어할 정도였으니…
 가게에 딸려있는 방에서 저녁마다 용덕이형하고 소주를 마시며, 나는 꿈결에서도 빵을 만들었다.

네 번째 이야기

 그렇게 합숙하다시피, 용덕이 형의 지도를 받아가며 10여일의 수련기간을 거쳤다.
겨우 빵 반죽처럼 만들어지기 시작하였다.
그런데 그 반죽은 호퍼에 담아 짜서 빵틀에 부어가며 사용하기에는 너무 반죽이 되었다.
팬 케익용 반죽이었다.
하지만 이 정도라도 고생하신 용덕이 형께 미안해서
 "형님, 이세는 거의 나왔으니까 제가 배합비율을 조절해 가면서 만들어 보겠습니다."
 "그동안 형님이나 형수님한테 고맙고 미안해서요.
제가 자신 있어지면 형님이 오셔서 검증해 봐주세요."
 "그래, 알았어."

 그러고 나서는 내 형님하고 다시 조정하기 시작하였다.
그 반죽은 너무 되어서 조금 묽어야겠기에 물, 계란거품, 우유, 향 등을 조절해가며 반죽을 다시 만들어 나갔다.
 이때 체득한 것이, 전체의 분량을 늘린다고 해서 모든 재료들이 똑같은 비율로 증기하여 첨가가 되는 것은 아니었다.
경우에 따라 그 첨가 비율은 약간씩 달리하여야 한다.
아마 지금 음식을 만드는 조리방법도 같으리라고 생각한다.
그렇게 만들어가는 과정에서 우연히 부수적으로 카스테라 반죽을 만든 적도 있었다. ㅎㅎ

물론 빵의 주 재료는 밀가루이다.
나는 이때 밀가루의 성분도 다양하다는 것을 알았다.
강력분, 중력분, 박력분등.. 그리고 용도도 달랐다.
 이래서 이 세 가지를 각각 따로 반죽해 보기도하고, 조금씩 서로 섞어 보기도하고..
베이킹 파우더를 양을 조절하여 첨가해서 하루 동안 재워보기도 하고,
계란 거품을 만들기 위해서 노른자만을 사용하는데. 계란의 개수도 늘렸다 줄였다 하며 거품채로 쳐서 거품을 많이 내기도 하고 적게 내기도 하고,
우유도 가루우유를 넣어보기도 하고 물 우유를 넣어보기도 하고, 그러면서 부드러움과 냄새도 조절하기도하고,
바닐라 향을 넣기도 하고, 레몬 향을 넣기도 하고...

 이렇게 여러 가지 방법의 레시피를 조절하여 가면서 해 보아야하니, 이제는 하루 1kg의 밀가루로는 어림이 없었다.
보통 하루에 3Kg씩은 각각 용기에 담아 비율을 쪽지에 써서 붙여놓고 조정해 나갔다.
나는 지금도 계란 노른자를 거품채로 저어서 기가 막히게, 부드럽게 거품 내는 데는 자신이 있다.
 정말 별스럽게 조정을 해가며 반죽을 만들어, 반죽이 걸쭉하게 되어 호퍼에 담아 빵틀에 부어도 가능할 정도의 훌륭한 점도로 반죽을 만들어 내었다.
계량컵과 저울에 일일이 계량을 하면서 눈금하나도 다르지 않게 조절해 가며, 똑같은 반죽을 서너개 만들어 보고, 맛도 보고 비교해 보았다.
 거의 분별할 수 없을 정도로 균일해서, 그 정도면 반죽은 된 것 같다.

그래서 용덕이 형님을 모시고와서 검증을 받았다.
"그래, 기가 막히게 잘 되었다. 이제 제품을 뽑아도 되겠다." 합격이었다.
칭찬과 함께... 힘이 났다.

그런데 또 문제가 있었다.
불, 즉 빵을 구어 낼 때의 빵틀에 가해지는 화력의 조절이었다.
화력이 너무 강하면, 당연히 겉은 타고 속은 익지를 않으며 서서히 부풀어야 할 반죽이 급히 숙성되므로, 겉은 새까맣게 타고 속은 밀가루 반죽 그대로여서 자르면 그냥 줄~ 흘러내린다.   약한 불에 서서히 구우면 색도 기가 막히게 예쁘고 속도 숙성이 잘되지만, 시으면 빵이 푹 꺼지고 만드는 시간도 너무 소요되어 빵의 생산량이 문제가 생긴다.
그래서 적당히~~라는 수준이 중요하다.
화력과 시간과 뒤집어주는 시간 조절 등...
겉의 색은 노리끼리한 초콜릿색이고, 속살은 보드라운 노랑 병아리 색. 이것이 나의 최종 목표 색 이었다.
 이제는 반죽을 만들어서 화력을 조절해야하는 난관만 넘기면 제품 양산에 들어 상품화 할 수가 있을 텐데...
며칠을 씨름하며 조정해 나갔더니 이제 제대로 구워지기 시작하였다. ㅎㅎㅎ
이제는 손님이 적어 대기하는 시간에 화력을 조절할 수 있는 수준까지 발전되었다.
그때의 성취감은!! "이제 되었어!"

이제야 우리 식구들도, 우리 집 개들도 풀빵만을 먹느라고 그동안 고역들을 치렀는데, 빵 같은 빵을 맛 볼 수 있게 된 것이다.

그래도 불안하여 생돈을 써가면서 계속 실험을 하였다.
"이것은 낭비가 아니고 투자니까.." 하면서

 이제는 빵의 소를 만들 차례였다.
소는 쉬웠다.
팥을 약간 무르게 삶아 식히면 된다.
하지만 나는 우체국 옆과 다른 방법으로.. 그냥 팥을 빨리 무르게 하기 위하여 소다를 첨가하지 않고, 볶은 땅콩가루를 팥과 섞어서 사용하였다.
이렇게 하면 원가는 상승하여도 맛도 좋고 건강에도 좋을 것이니까..
씹히는 식감을 위해서 땅콩을 그냥 넣을까도 생각하였지만, 땅콩가루가 한결 부드럽고 고소하기 때문이었다.

 그렇게 배합이 완료되고 불의 조절도 완벽하여, 가슴을 두근거리며 가게를 오픈하였다.
오픈 전날, 이브행사로 친구들이 돈을 모아 만들어 온 네온 입간판을 걸고 점등행사를 하였다.
그때에야 행인들도 "아, 빵가게였구나!" 하면서,
"오방 빵이 뭐야?" 하시면서들 가셨다.
오방 빵ㅎㅎㅎ 사방보다 한방이 더 많은 오방...
 친구들과 함께 술을 마시며, "지금까지의 공부와는 이제 끝이구나!" 하고 생각하니 가슴이 먹먹하여지고 허전하기도 하고~~~
"시작은 미약하나 끝은 창대하리라." ㅎㅎㅎ
아무 것도 만들어보지 못한 내가, 멋진 빵을 만들어내어 상품화를 할 수 있다니~~

제2부 이걸 빵이라고 파세요?

용덕이 형님과 우리 형님이 함께 가르치며 도와주셔서 결국은 해냈다. 이곳에서 지난 일이지만 깊은 감사를 드린다.
형님들 고맙습니다.
　이제 고객들과의 수난이 또 기다리고 있었다.
흔히 말하는 "남의 돈을 먹기가 그리 쉬운 줄 아나?"
"주인아저씨는 아무나 하나?" ㅎㅎ
장사꾼 똥은 개도 안 먹는다더라.
세상과 나를 비워야 할 수 있었다.

다섯 번째 이야기

 자, 드디어 나의 사업장을 오픈하는 시간이다.
이제, 사장님 또는 빵집아저씨가 되었으니, 마케팅을 위하여 나의 컨셉을 어떻게 정하여 고객들께 어필을 하지?
이제 내 마인드는 장사꾼이어야 한다.
 "빵집아저씨는 어떤 첫 인상이어야 하지?"
 "그래, 그냥 빵처럼 생겨야 해!"
 "눈매도 죽여야 하고, 입도 한 반절쯤 벌려야 하고, 손에는 밀가루 반죽이 좀 묻어있으면 더 좋고.."
 "아니, 그러면 좀 불결해 보일까?"
 "패션은 너무 스마트하면 안 되고, 봄이니까 심플한 남방으로?" ㅎㅎ
혼자 탤런트가 되어본다.
더구나 앞에 대학이 있어 여학생들도 올 텐데..
장에 가는 아줌마들이야 들어와서 잠깐 싸 가면 되지만, 학생들은 자리 잡고 앉아서 먹을 텐데...
 가게에는 세 개의 네 명씩이 앉을 수 있는 테이블이 있고, 내가 숙직을 하며 내 직장을 지킬 나의 숙직실이 있었다.
오픈시간은 학생들 점심시간을 오늘은 피하고, 아줌마들 장에 가는 시간을 H. hour로 정하고 그래야 내가 덜 긴장할 것이니까^^

 드디어 오픈 시간 30분 전에 시험용 빵을 구웠다. 그것도 일부러 태우면서..
그래야 버터기름 냄새가 장에 가시는 나의 고객님을 유혹할 수 있으니까. ㅎㅎㅎ

장에 가시는 초저녁 시간에, 드디어 온 길가에 빵 굽는 냄새가 퍼지기 시작하였다.
 오늘 저녁에 오시는 손님들께는 무료로 시식을 하시게 하기로 하고, 형수가 와서 써빙을 해 달라고 부탁을 하였다.
 "드르륵~~" 문이 열린다.
 "어서 오세요!"
 오늘따라 일찍 퇴근하신 아버지시다.
말없이 쳐다보신다.
그러시더니 "하겠냐?" 하신다.
 "그럼요."
 "손님은 있었냐?"
 "아이, 이제 열어서 아버님이 첫 손님이신데요" ㅎㅎㅎ 형수가 말한다.
 "그래, 빵 열 개만 담아라."
 "아버님이 첫 손님이시니 많이 사주셔야 마수가 되지요.^^^"
 "그래? 그러면 한 스무 개 담아라."
 형수가 빵을 담는 동안, 아버지는 빵을 굽는 내 손을 뒤에서 물끄러미 쳐다보신다.
나는 불판이 보이지가 않는다.
 "아버님, 다 담았습니다. 아버님이 가셔야 삼촌이 일을 할 것 같은데~~"
 "그래 알았다. 얼마씩 받아?"
 "오늘은 개업기념으로 무료시식을 한데요, 삼촌이." ^^
 "벌써 장사꾼이 되었네… 그럼 내일 값을 치르고 사가마."
 "아버님, 그건 안 됩니다. 삼촌 영업 방침이니 오늘은 그냥 가지고 가셔야 합니다."

"그래 알았다. 그러면 나는 가마." 그러고는 나가셨다.

 형수가 말하고, 나는 한 마디도 말을 할 수가 없었다.
입을 열면 눈물이 왈칵 쏟아질 것 같아서…
문틈으로, 가시는 아버지의 뒷모습을 보며, 맥없이 아직 뒤집지 않아도 될 빵틀 만 하염없이 뒤집고 있었다.
 또 문이 열린다.
"어서 오세요!"
"형, 장사 잘돼?" 이번엔 막내 동생이었다.
대학생인 막내가 궁금해서 하교 길에 가게에 먼저 들른 것이다.
 우리 막내 녀석은 넉살이 끝내준다.
우리 가족들 중에 완전 분위기 메이커이고 잘 생겼다.
"형, 저기 시장에서부터 빵 태우는 냄새가 나던데!"
"정말? 빵 굽는 냄새데, 빵 태우는 냄새데?"
"조금만 태워, 너무 노골적이더라! 시꺼먼 냄새가 나는데…"
"그래? 그럼 좀 연하게 태워야겠네!"

 일부러 냄새를 풍기기 위한 연소 작전을 막내는 눈치를 챈 것이다.
"형수, 내가 가게에 있을게, 형수는 올라가서 저녁 준비해요.
아무래도 남자 손님보다는 여자 손님이 많을 텐데…
아줌마 형수보다는 미남 총각인 내가 안 낫겠수? ㅎㅎㅎ "
 "알았어! 그럼 막내가 형 도와주고 있어!" 그래서 우리 둘이 남았다.
어색한 분위기를 없애려고 옆에서 막내는 자꾸 씨부렁거려도 나는 건성으로 대답만 하고 있었다.

 "드르륵~~" 이번에는 진짜 아주머니 첫 손님이었다.

"저쪽 시장에서부터 맛있는 냄새가 나서, 어딘가 했더니 여기네.. ㅎㅎㅎ 총각들만 해요?"   "아, 예. 저는 종업원이고 사장님은 이쪽 이십니다!" 우리 막내의 너스레이다.
"이쁜 총각들이시네! ㅎㅎㅎ"
"얼마 씩 해요?"
"한 개에 백 원 인데, 열 개를 사시면 한 개 더 드립니다." 막내의 설명이다.
"그런데 오늘은 시식으로 그냥 드립니다. 서, 너개 가져 가셔서 맛을 보시고, 고칠 것 있으면 말씀해주시고... 맛있으면 많이 팔아주세요. 제가 처음이거든요."
"그래요? 그럼 두 개만 줘 보세요."
"아니 서, 너개 가져가세요."
"아니에요. 다른 분들도 주셔야지요."
첫 손님으로, 경우 바른 아줌마를 만났다.

여섯 번째 이야기

 이쁜 아줌마가 가시면서 더 이쁜 말씀을 남기신다.
 "이쁜 총각들이 맛있게, 사랑으로 만드는 빵이니.. 우리 계군들 다 데리고 올게요.
 전화하면 미리 주문 받으시죠? 전화는 간판에 있는 번호로 하면 되죠? "
 "그럼요, 한판에 20개밖에 안 나오니 한 200개쯤 하시려면 , 두 시간은 걸리겠는데요." ㅎㅎㅎ
 "그럼, 300개는 더 걸리겠네!" ^^
 "많이만 주문해 주시면, 제가 잠을 안 자고라도 공급해 드리겠습니다." ㅎㅎ
 "아주 말도 재미있게 잘하는 총각들이네~~"
 "알았어요. 오늘은 이것만 가지고 그냥 갈게요. 장사 잘해요."
 "네, 감사합니다. 안녕히 가십시오."
 이렇게 첫 손님과 인사로 농담을 나누고 나니 한결 긴장이 풀린다.

 나는 무척 긴장하여 실수할까봐 걱정이었는데, 그래도 손님들이 적어서 빵 굽는 시간 조절에 여유가 있었다.
 불판은 한 줄에 7개씩 석 줄이 있다. 그래서 총 21개이다.
한판을 굽는 데는 강한 불, 약한 불, 중간 불 순서로 양면을 조절해가며 노릇하게 굽기 위해서는 대략 십분 쯤이 걸렸다.
 따라서 일을 하다 보니 양의 수급조절도 잘 하여야겠구나 하는 생각이 들었다. 뭐 아직까지는 느긋하게 해도 되겠지만...

또 손님이 왔다.
댓살쯤 되어 보이는 여자아이를 데리고 온 젊은 여자 손님이었다.
"아저씨, 빵 한 개에 얼마에요?"
"네 100원씩입니다. 오늘은 시식이니 그냥 잡숴보시고 품평만 해 주세요."
"그래도 되요?"
"그럼요."
내가 말하는 사이에 우리 막내는 여자아이와 벌써 친해져서 함께 장난을 한다.
"아기를 좋아하시나 봐요?"
"예, 저도 장가가면 꼭 이 아이처럼 예쁜 딸을 낳고 싶은 데요!"
"어마! 그러세요? 고마워요."
아이 양손에 빵을 쥐어 주었다.
아기가 잘 먹는다.
"맛있어?" 엄마가 물어보니 아기가 환하게 웃는다.
"그래, 되었구나.. 아기가 맛있어 하면 괜찮게 만들어 진다는 거야."
속으로 생각하며, 나가는 젊은 아주머니에게 애기 주라고 두 개를 더 들려서 보냈다.

그리고는 잠시 뜸 했다.
"형, 반응이 좋지?"
"그래, 그런 것 같아. 아직은 판단하기가 이르지만..." 나도 기분이 좋기는 했다.
그러는데 하교 길의 머스마들이 들어왔다. 5명이나 된다.
"아저씨, 빵 냄새 맛있는데 빵도 맛있어요?"
"그럼, 당연하지 하나씩 먹어봐!"

"그냥요?"
"그래, 오늘은 시식이다. 개업기념으로."
"그래요?" 하나씩 집어먹더니 한 개씩 더 먹어도 되냐고 물어본다.
"맛있어요! 부드럽고."
"정말?"
"예, 정말 이예요. 가면서 먹게 한 개씩 가져가도 되요?"
"두 개씩 들고 가도 돼." ㅎㅎ
"고맙습니다. 얼마씩 이예요?
그럼 내일부터는 돈 내고 사 먹을게요."
"그래, 고맙다. 친구들에게도 선전해줘."
"그럴게요. 정말 맛있어요." ㅎㅎ 그리고는 갔다.

 상당히 재미가 있었다.
우선 빵이 맛있다고 하니 좋았고, 손님들과 이야기하니 더 재미있고..
내가 길목을 잘 잡았다는 생각이 들었다.
우리 집 밑에는 전문대학이 하나있고, 중 고등학교가 하나 씩 있었다.
그리고 재래시장으로 가는 길목이고.
장소는 괜찮구나하고 느꼈다.
 "막내야, 너 내일 수업 몇 시에 끝나?"
"세 시간인데, 두 시간 연강이고 두 시간 쉬고, 한 시간짜리가 있어. 왜?"
"아니, 이제 시작해서 안 그러겠지만..
혹시 내일은 점심시간에 실전 애들이 들이닥치면, 혼자서 힘이 들 것 같아서.."
"우선 형수한테 부탁해! 점심시간만 도와 달라고."
"그러면 되기는 하지만, 형수는 점심에 시간이 어떨지 모르겠고."

"그럼 형, 내가 두 시간짜리만 하고 바로 올게."
"두 시간 쉬고, 뒤에 한 시간짜리 있다며?"
"응, 그건 교양과목인데~ 다른 애들보고 대리 출석하라고 하면 돼."
"그래도 어떻게? 그래도 되는 과목이니?"
"응, 별로 재미도 없어서.. 애들도 그래."
"그럼 많이 빠지면 표시 나서 교수가 알잖아."
"내가 알아서 할게"
이제는 빵장사 한다고, 올려는 지도 모르는 손님을 대비해서 동생 공부까지 방해하는 거 아닌가 하고 속으로 고소를 지었다.

일곱 번째 이야기

 그날은 늦게까지 네온간판 불을 끄지 않고 놔두었다.
우리 가게를 홍보도하고, 통행인들이 얼마나 많은지 계산해보기 위해서였다.
저녁에는 막내와 함께 개업기념 식사를 가게에서 배달시켜 먹으며, 오늘 느낀 점을 이야기하였다.
 "또 다른 문제 꺼리가 있는데…"
 "뭔데?"
 "아직은 이른 걱정인지 몰라도, 빵 반죽의 수급이 문제가 될 것 같아.
 오늘은 첫날이라 반죽을 조금했지만, 그날그날의 손님들의 수에 맞추어서 미리 반죽 양을 예상한다는 것이 힘들고…
 빵을 만들다가 반죽이 모자라게 된다거나 또는 너무 많이 남게 되면, 그것을 어떻게 보관하여야 할지가 문제야.
 만약 남는 반죽이 신선하게 보관이 된다면 다행이지만, 이것은 된 반죽이 아니고 묽은 반죽이기 때문에 보관이 어떨는지 모르겠다."
 "형, 저번에 연습할 때는 반죽이 되기는 했지만, 하루 정도의 냉장보관은 문제가 없었잖아."
 "그랬지, 그런데 이번 반죽은 묽기 때문에…
집에 가면 오늘 남은 반죽을 여러 개로 나누어 각기 다른 방법으로 보관을 해봐.
그러고 나서 내일 하루 종일 결과를 좀 보게.
 그리고 내일 쓸 수 있는 반죽은 혹시 모르니까 내일 아침에 해 두자.
내일 아침에 일찍 올라갈게.

형님한테 재료들 좀 계량해 두시라고 해 ….”
 내일은 대학생 애들도 호기심에, 많이는 오지 않더라도 더러 오기는 할 텐데…
한 통이면 되려나?”

 그랬다.
하루에 사용할 수 있는 양이 정확하게 계산이 되어 질 수 없기 때문에, 반죽의 양을 미리 조절한다는 것은 난감한 문제였다.
아직 한 통의 반죽으로 몇 개 정도의 빵이 나올지도 모르고…
무게를 계산하면 대충은 잡히겠지만, 아직은 그저 해보며 며칠 있으면 대략 감이 잡히겠지…아직도 문제꺼리가 남아 있었던 것이다.
 반죽의 잔여 량과, 하루 남은 시간을 비교해가며 그날의 반죽은 그날 바로 소비를 해야 신선도를 유지할 수 있을 것은 당연한 것이다.
그러려면 가게에 냉장고가 한 개 필요하겠구나 생각하였다.
냉장고를 준비하면, 여기서 먹는 사람들을 위해서 음료수도 준비를 하여야겠고,
그러면 컵이나 쟁반 등.. 또 준비할 것들이 있다는 생각을 미처 못 했던 것이다.

 집에 와 계시던 형님께 전화를 드려, 형수와 함께 오셔서 상의를 드렸다.
 “우선 집에 있는 것 가지고 써 보고 천천히 준비하면 안 될까?
우선 부엌에 작은 찬장을 준비하고, 반죽은 양을 보아 더 필요하면 형 하고 내가 집에서 우선 조달하면?”
막상 오픈을 하니 그것에 따른 다른 문제들이 많았던 것이다.
 직장에 다니는 사람들이 흔히들 말하기를,
“에이, 더러워서 못해 먹겠네!

때려치우고 풀빵장사라도 하더라도 월급쟁이가 안 해야지…..”라며 푸념들을 했다.
지금이야 취직하기가 더 어렵지만...
그러나 잠깐 동안의 나의 경험으로는 절대로 풀빵장사도 쉬운 일이 아니며, 혼자서 장사를 하는 일도 결코 수월하지 않다는 것이다.
결국은 혼자서 자립한다는 의지가 또 회의적인 것이 되어가기 시작하였다.
"그래, 버티고 해 보자. 하지만 이렇게 되면 가족들에게 또 미안해지는데…..
과연 나 혼자 할 수 있는 일이 이렇게도 없을까?"
미안 했지만... 설 수 있을 때에 가서 다른 방도를 찾더라도, 우선 최선을 해보자고 생각할 수밖에는 없었다.

이렇게 첫날을 마치고 희망과 두려움의 날이 되었다.
빵틀에 불을 펴서 달구고 몇 개의 선전용 빵을 적당히 태우기 시작하였다.
"형, 잘하고 있어. 일찍 올~ 게!"
학교에 가며 막내가 가게에 들렀다.
아무래도 걱정이 되는가 보다.
그렇기도 할 것이다. 점심시간이 문제일 것이다.
오전에 빵가게는 별로 손님이 없는 것은 당연하다.
출근하며, 등교하는 사람들만이 분주할 수밖에 없다.
그래도 알려야 한다.
지금 굽는 이 빵들은 우리 집 강아지들의 간식거리이지만, 그래도 노릇하게 예쁘게 구웠다.
그리고 빵틀의 불은 줄이고, 음료수를 주문하여 어제 집에서 가져다 놓은 작은 냉장고에 넣어 두었다.

작은 찬장에 접시와 컵들을 넣어 형님과 형수가 가져다 부엌에 두셨다.
이제 막내가 점심시간 전에 오기만 하면 만사형통일 것이다.

 정말 거짓말처럼 오전에는 손님이 한 명도 없었다.
 "드르륵" 문이 열리며 서, 너명의 여학생들이 들어왔다.
아직 여름도 아닌데 등골에 식은땀이 흘렀고, 콧등에 땀이 맺힌다.
 "어서 오세요."
하면서 친구들이 개업기념이라며, "축! 성공!" 이라고 써서 걸어준 벽시계를 보았다.
11시 조금 지났는데....
 "아저씨, 지나다니면서 안에서 빵 굽는 연습하시는 것 보았는데...
이제 개업하시는 거예요?"
 "예, 어제 오후부터 열었습니다."
 "맛있어요? 저희들이 먹어보고 맛있으면 친구들 데려 올게요!"
 "고맙습니다. 앉으세요."
 "아니에요. 뒤에서 굽는 것 구경도 하고 재미있어요. 그냥 하세요!"
 차라리 앉아 있은 것이 덜 신경이 쓰일 텐데...
뒤에 서서 구경을 하겠다니, 등에 식은땀이 더 흐른다.
굴러가는 말똥도 보고 웃고, 바람에 날리는 낙엽을 보고 운다는 나이인데..
조금이라도 흠이 잡히면 더 큰일 나겠다! 생각하면서 빵을 굽자니 더 덤벙거려진다.
 "아저씨 점심시간에 더러 올 것 같은데, 미리 구워 놓으면 안돼요?"
  "아직은 겨울이 아니니까 괜찮기는 한데... 그래도 바로 구운 것을 좋아하시는 분들도 계실 것 같아서."
 "한 줄에 7개인데 한판 전부 구우시려면 얼마나 걸려요?"

"아무리 불 조절을 잘해도 10분쯤은 기다리셔야 충분합니다."
"그럼 점심시간에는 바쁘시겠네요?"
"그럴 것 같아요. 일부는 구워놓고 바로 구워주시라고 하시는 분께는, 조금 기다리시라고 할 수 밖에 없을 것 같아요."
"점심시간이 몇 시 부터예요?"
"12시부터 1시 반까지예요. 미리 나오는 애들도 있고 늦게 들어가는 애들도 있기는 하지만.."
"그런데 일찍 나오셨네요?"
"아침을 안 먹고 와서 미리 나왔어요. ㅎㅎㅎ 재미없는 수업이거든요."
"교수님이 뭐라고 안하세요?"
"여학생들은 적당히 나오는 방법이 있어요. ^^"
"네, 그래요?"
드륵~~ 문이 열린다. 구세주가 왔다.

여덟 번째 이야기

　기쁘다 구주 오셨네~~
막내가 이렇게 보배로울 수가 없었다.
이제 여학생들은 막내에게 맡기면 된다.
　"왜 서서 그러세요? 앉아서 음료수도 마시면서 천천히 노시다 가시지요."
　"누구세요?"
　"아, 예 이집 종업원이에요."
　"제 동생입니다."
　"학생이세요?"
　"예, 저도 땡땡이 쳤습니다."
　"저희들은 땡땡이 아닌데요."
　"그러세요? 그럼 저만 그랬나 봅니다."
　"제가 개업인사로 음료수 한잔씩 대접해 드릴 테니 앉으세요. 거기 서 계시면 우리 사장님이 긴장하셔서 빵을 맛있게 못 구우실 수도 있으니까요."
　"아저씨, 매일 여기 나오세요?"
　"글쎄요, 형이 용돈을 얼마나 주느냐에 따라서 달라질 수 있어요."
　"아저씨 매일 오세요. 그럼 저희들도 매일 올게요." ㅎㅎㅎ
　"형, 들었지?"
　"그래 알았다." ㅎㅎㅎ
　"아저씨들 잘 생기셨어요."
　"우리 형제들 아직 아저씨 아닌데요."
　"그럼 뭐라고 해요?"

"그냥 큰 오빠, 작은 오빠 하면 안 될까요?"
"큰 오빠는 맞는 것 같은데, 작은 오빠는 잘 모르겠어요."
"그래요, 내일 주민등록증 복사해서 문 앞에 붙여 놓을게요."
"그렇게 하세요. 매일 이 시간에 오세요."
"그럼 저 학교 그만 둘까요? 책임지실래요?"
"어떻게요?"
"밥은 먹어주셔야죠."
"그 정도는 ~~ "
"무슨 과예요?"
"유아 교육과예요."
"그럼 현모양처 되는 거예요?"
"글쎄요, 현모는 자신 있지만, 양처는 하는 것에 따라서 달라지겠죠." ㅎㅎㅎ

 우리 막내가 신이 났다.
완전 물 만난 고기다.
이러니 구세주지ㅎㅎㅎ
자리에 앉혀놓고 음료수 한잔씩을 대접한다. 그러면서 서비스란다~~
 "무슨 과세요?"
 "건축과에요."
 "그런데 하시는 것이 공대보다는 상대 쪽이 더 잘 어울리실 것 같아요.ㅎㅎㅎ"
 "그래요? 저는 오히려 영연과에 가서 배우 쪽이 더 어울린다고 생각했는데요....
노가다 보다는.ㅎㅎㅎ"
 "그렇기는 하신 것 같아요. 미남이세요. ~~"

분위기가 첫날부터 심상치가 않다.
그러는 중에 또 다른 여학생들이 왔다.
"언니, 언제 왔어요?"
"응, 조금 전에~~ 여기 빵 맛있다. 친구들 많이 데리고 와!"
" 그래요? 먹어 보고요 ㅎㅎㅎㅎ" 그리고는 언니들은 나가고 동생들이 앉았다.
조금 전보다 훨씬 조용했고, 막내도 너스레를 멈추고 접대를 한다.
 이렇게 서너 팀의 학생들이 들어와서 점심식사 대용으로 빵을 먹고는, 잘 먹었다며 맛이 있다고 인사를 하며 갔다.
 성공한 것 같았다. 그러나 이제 확실한 문제는 점심시간인 것이다.
미리 어느 정도의 빵은 구워서 대비할 수는 있지만, 한꺼번에 밀리면 전부 조달하기가 어려울 것이 분명하고 써빙도 문제가 되었다.

 점심이 지나고 나니 썰물처럼 조용했다.
"형, 반응이 좋지?"
"그래, 그런 것 같기는 한데....
점심시간에 손님을 놓치지 말고, 빨리 빵을 조달을 해야 할 텐데.. 좀 문제다."
"그러게... 내가 최대한 해 볼게!"
"그것도 한계가 있잖아~~"
"그리고 한 가지 조심해야 할 것은, 학생들하고 학교이야기를 할 때는 절대로 교수들 이야기는 하지 마.
애들 입에서 무슨 말이 나올지 모르잖아.
학생들이 전부 교수들 좋아하는 것은 아니니까... 그런 것은 조심해!
그리고 내가 대학 나왔다는 말은 더 하지 말아야 하고~~
내 생각으로는 이런 곳의 주인아저씨는, 어느 정도로는 만만해야 하는 거야.
그래야 자기들이 편할 거니까!

 너는 학생이라는 것을 알아도 서로 이야기할 수 있고 통하겠지만 나는 아니잖아.
그저 편한 아저씨이면 될 것 같아~~."
 "알았어, 무슨 말인가 알아."
 이렇게 막내하고 이야기를 하고 있는데....,
어제 예쁘게 말하고 간, 그 예쁜 아줌마가 들어왔다.
 "어, 오셨어요?"
 "이제, 오늘부터 본격적으로 하시는 거예요? 많이 파셨어요?"
 "네, 오늘은 점심시간에 대학생들이 와서.. 동생이 안 도와주었으면 곤란할 뻔 했습니다."
 "어머, 그렇게 잘되셨어요?"
 "아니, 그것보다는 빵이 빨리 나오지를 않아서, 적은 양이라도 조달하기가 쉽지가 않네요."
 "그렇기는 하겠어요. 하지만 좀 식어도 상관은 없을 텐데...."
 "그래도 기왕이면 바로 나온 것이 더 신선할거고, 포근하고 부드럽고~~
 "괜찮아요. 그렇게까지 신경 쓰실 것은 없을 것 같은데~~~
 저는 밥보다는 빵을 더 잘 먹어요. 그리고 제 남편도요.
어제 먹어보니 맛도 있고 상당히 부드럽던데요.
두 개 더 가지고 간 것 저녁에 먹었는데, 그때까지도 부드럽고 포근포근하던데요.
빵 잘 구우셨던데요."
 "감사합니다."

"저 두어 시간 후에 올 건데, 20개만 구워서 싸 놓으세요. 들어오면서 가져갈게요."

"네, 잘 구워서 준비해두겠습니다. 고맙습니다."

"고맙긴요. 이따 올게요!"

"가시면서 잡수세요."

눈치 빠른 막내가 재빨리 몇 개를 봉지에 담았다.

"아니에요, 지금 많이 먹으면 이따가 많이 못 먹어요." ㅎㅎㅎ 하면서 그냥 나갔다.

나는 새 빵을 굽고, 막내가 옆에서 말을 거든다.

"형, 전혀 모르는 사람이야? 안면도 전혀 없고?"

"그래."

"그런데, 좀 이상해.

매너도 너무 좋고, 형을 알고 있는 사람 같은데~~ 그런 기분이 들어."

"그래? 나는 전혀 기억이 없는데…. 나보다는 나이가 더 든 것 같은데."

아홉 번째 이야기

 그렇게 하여 내게도 소위 단골들이 생기기 시작하였다.
저녁에 시장에 다녀오면서 싸 가시는 분들은, 장에 가시면서 미리 부탁을 하고 가고..
하교하는 학생들도 거의 매일 얼굴을 보여주는 애들도 있었다.
아무래도 그중 제일 큰 단골은 매일 들르는 대학생들이었다.
이들은 이제 허물없이 농담도 하고, 막내가 수업이 있어 점심시간에 서빙을 못하면 자기들이 스스로 음료수도 꺼내먹고 오히려 남들에게 서빙을 해 주기도 하였다.
 그리고 새로운 고객들도 생겼다.
그 학교 야간대학에 다니는 학생들과 교수들도, 등교하기 전에 미리 간단히 요기를 하고 들어가거나 수업 중에 나와서 먹고 가기도 했다.
하지만 수업 중에 두어 명이 와서 먹고 가는 사람들을 기다리며, 늦게까지 대기하기에는 문제가 많을 수밖에 없었다.
 혹시라도 하면서 늦게까지 빵 판의 불을 켜 놓을 수도 없었고, 그렇다고 미리 만들어놓고 기다릴 수도 없었다.
 어떤 교수는 자기수업이 없는 시간을 알려주며 미리 주문을 하는 경우도 있었다.
하지만 밤에는 이들만 기다리며 대기하기에는 무리였고, 그러다 보면 간혹 지나가다 사가는 사람들도 있기는 했지만... 그래서 저녁에는 야속하지만 어쩔 수 없이 마감시간을 정하고 내 시간도 확보하였다.

 장사란 여러 가지의 우여곡절과 상황변화가 있기 마련이다.
이렇게 단골들이 생기다보니 장소가 협소하였다.

그래서 결국에는 가게 안에 있는, 내가 기거하던 방에 테이블을 놓을 수밖에 없었다.
 장사꾼에게 가장 아쉬운 것은, 오는 손님을 그냥 돌려보내는 일이다.
그래서 장사하는 사람들이 장사가 조금 나아지면 장소를 넓은 곳으로 이전하든지, 아니면 장소를 넓히게 되는 것이다.
그렇다고 이것이 꼭 이익이 되는 것만도 결코 아니다.

 방에 테이블을 들여놓으니 아늑하여 좋기는 하지만, 마치 밀실 같은 분위기가 생기는 것이 문제였다.
그래서 커튼도 없애버리고 방문도 떼 내어서, 방을 개방할 수밖에 없었다.
그러나 문 쪽에 문제가 있는 부분이 있어서, 한쪽은 결국 커튼으로 보완할 수밖에 없었다.
그랬더니 가게 안에 들어와서 먹는 손님들은, 서로 그곳을 선호하여 홀을 비워놓고 그 곳으로만 들어간다. 그래서 내 동선만 길어지고 말았다.

 그런데 문제는 다른 곳에 있었다.
저녁 무렵에 자주 들러서 빵과 음료를 먹는 고등학교 남자애들이 있었다.
이 녀석들은 저녁시간에 주로 오기 때문에, 방이 거의 빌 시간인지라 항상 자기들 차지였다. 그래서 나는 불판 앞에서 빵을 굽고, 자기들이 알아서 음료수도 가져다 먹고 하였다.
그리고 갈 때는 꼭 알아서 계산도 스스로들 하곤 하였다.
 그러던 어느 날에는 두 녀석이 여학생들과 함께 왔다.
그날도 그러려니 하고 신경도 쓰질 않았고, 자기들이 예전처럼 빵도 가지고 가고 음료도 내가고 하였다.

마신 컵까지도 씻어놓고 가곤하였다.

 이렇게 자주 여학생들과 놀러들 와서, 내가 예뻐했던 녀석들이었다.
그러던 어느 날은 저희들끼리 다투는 소리가 들려, 그러려니 하고 관여를 하지 않았는데..
먼저 한 녀석이 나가고 잠시 후에 다른 녀석도 여학생들과 함께 인사를 하고는 도망치듯이 나가는 것이다.
 다른 때 같으면 지들이 마신 컵을 씻든지 아니면 개수대에 담가놓는데..
이상하여 들어가 보니, 컵에 남은 것이 음료에 탄 술이었다.
이 녀석들이 그 당시에 유행했던 소위 쏘콜을 만들어 마셨던 것이었다.
기가 막혔다.
이러기 시작하면 가게 분위기가 엉망이 될 것은 빤하기 때문이다.
 그리고는 생각해 보았다.
이 애들에게 어떻게 이야기를 해야 할는지를..
나의 수입이 문제가 아닌 것이다.
이 애들의 일탈을 이해하지 못할 것은 아니었다.
나도 그런 적이 있었으니까... 그러다 제자리로 돌아온다.
오히려 건들면 더 어깃장을 놓기도 하는 것을 나는 잘 알고 있었다.
 이 애들의 일탈이 일시적인 거라면 우선은 그냥 두고 보기로 작정하고, 아무렇지도 않은 듯이 다시 온 아이들에게 나도 아무 것도 모른 듯이 대하였다.
그 녀석들은 오늘도 빵과 콜라를 마시고 갔고 컵도 깨끗이 씻고 갔다.
증거도 없고 또 그냥 두고 보기로 했으니까 모른 척하기로 하였다.
그렇게, 그렇게 이 삼일에 한 번씩 정기적으로 와서 웃고 떠들다가 가곤 하였다.

어느 날 저녁 아이들 하교시간에, 인근 고등학교에 근무하는 친구가 자기 반 아이들이라고 십여 명을 데리고 들이닥쳤다.
 그런데 그 가운데에 그 녀석들이 있었다.
그 학교에 다니는 줄은 알고 있었지만, 내가 친구를 말한 적이 없었기 때문에 친구가 담임을 맡고 있는 아이들인 줄은 몰랐다.
 "선생님 친구가 하시는 곳이니, 여기 와서 빵도 팔아드리고 놀다가도 가고 그래라!"
 "수업 끝나고 가다가 배고프면 내 말하고 빵도 먹고 가고 …"
 " 그럼, 돈이 없을 때는요?"
 " 내 말씀 드리면, 아저씨가 알아서 하실 거야. ㅎㅎㅎ"
이러면서 애들에게 빵을 사주고 갔다.

 그런데 그 다음 날부터 그 녀석들은 나타나지를 않았고, 간혹 지나가는 녀석들 중에 내 친구반 이라며 빵을 사가는 녀석들만이 있을 뿐… 그 녀석들은 볼 수가 없었다.
 선생님 친구가 하는 가게에는 아이들은 오지를 않는 것이다. ㅎㅎㅎㅎ
그 후, 이 녀석들이 어느 곳에서 쏘콜을 마시며 놀았는지 나는 알지를 못한다.
그래도 그때는 선생님이 권위가 있었고, 덩달아 선생님 친구도 무서운 아저씨였던 것이다.

열 번째 이야기

 장사를 하다보면, 특히 나처럼 주 대상이 대학생들이면 재미도 있고 대화 상대도 되어서 어느 날은 시간가는 줄도 모르고 하루가 지나기도 한다.
 거의 매일 보다시피 하는 학생들은 동생들 같아 편하고 귀엽기도 해서 서로 농담도 스스럼없이 하는 사이가 된 애들도 있었다.
그러다 여러 날 보이지를 않으면 혹시나 어디 아픈지 하고 걱정이 될 정도였다.
막내가 서빙을 하지만 학교에서 늦게 오는 날은, 학생들도 점심을 먹으러 들렀다가 시간이 나면 들른 김에 서빙을 해주는 정도의 사이가 되었다.

 그러면서도 난 항상 긴장하고 조심하는 것이 두 가지가 있었다.
한 가지는 빵의 맛 유지와 품질문제였고,
다음은 절대로 학교문제에 대하여는 함구하는 것이었다.
 먹는 음식이라 맛의 유지와 품질의 문제에 신경을 써야하는 것은 당연한 것이지만, 특히 불을 사용하여 구워내는 빵은 아무리 숙달되었다 하더라도 완전히 구워질 때까지는 그 속을 볼 수가 없기 때문에 제대로 익었는지를 항상 신경을 써야한다.
간혹, 일정한 시간을 사용하여 구워도 화력의 차이 때문에 완성도에 약간의 차이가 생길 수도 있기 때문이다.
그래서 빵을 구우며 학생들과 농담을 하더라도 신경은 온통 빵 판의 불꽃에 집중될 수밖에 없는 것이다.
 그리고 학교에 관하여는..
학생들은 모이면 교수들에 대한 험담들을 하기가 예사이다.

당시 교수들의 수준을 어느 정도 알 수 있는 루트를 가지고 있는 나로서는 그들의 불만을 이해하지만 절대로 맞장구를 칠 수도 없었고, 그래서도 안 되었기에 할 말이 있어도 모른 체 하고 있을 수밖에 없었다.
그리고 학생들에게는 나는 그저 빵장수 아저씨였으니까.

 이렇게 지켜가며 장사를 했는데.....,
어느 날 그렇게도 두려워하던 실수를 저지르고 말았다.
학생들은 아니었지만 자주 오는 다른 고객이었다.
얼마 되지 않은 장사기간이었지만, 장보러 다니는 분들이나 지나다니시는 분들 중에 알음알음으로 단골들이 생기게 되었고 나는 그것이 재미가 있었다.
 물론 매상을 올려서 수입이 느는 것도 좋지만, 새로운 사람들을 만나고 서로 웃으며 맞는다는 것이 재미있고 행복이기도 한 것이다.
그래서 단골이 되면 정이 더 가고, 신경을 조금이라도 더 쓰는 장사들의 마음을 안다.
그런데 일이 생긴 것이다.
 내 가게에 일주일이면 두어 번 씩 와서, 댓 개의 빵을 싸가는 여학생이 있었다.
어디에 사는지 가끔은 사복차림으로 오기도하는 예쁘장한 여학생이었다.
그래서 가끔은 덤을 얹어주기라도 하면 말수도 별로 없는 아이가 생글거리고 나가는 모습을 귀여워했다.

 그런데 어느 날 빵을 사간 그 애에게 문제가 생긴 것이다.
그날도 여느 날처럼 빵을 사갔다.
 나도 아무 생각 없이 인사이야기만 주고받으며 빵을 싸서 보내었다.
잊어버리고 장사를 하는 중이었는데 누가 문을 열고 들어왔다.

한 번도 본적이 없는 새로운 손님이어서 나는 더 반갑게 맞을 수밖에 없었다.

그 뒤에는 그 여학생이 고개를 숙이고 서 있었고.

"어서 오세요. 저희 가게 처음 오시는 분이신 것 같으시네요. 고맙습니다."

인사가 끝나자마자 그 손님은 빵을 싸 드렸던 우리가게 봉지를 앞으로 내밀며

"아저씨! 이 빵 여기에서 만드셨지요?" 한다.

"네, 제가 만든 것인데요. 왜? 무슨 문제가 있던가요?" 하니.

갈라진 빵 한 개를 내미는데…

아! 속이 덜 익어 있었던 것이다.

순간 얼굴이 후끈 달아오르며 뭐라 할 말이 없었다.

" 아니! 죄송합니다. 어쩌다 이런 빵이…"

말을 마저 끝내기도 전에 빵은 땅바닥에 내동댕이쳐지고 발로 으깨어 짓밟혀졌다.

그 여학생은 울상이 되어 "언니, 그러지마." 하면서.

사태가 짐작이 가는 것이다.

조금 전에 그 여학생이 싸간 빵이 속이 덜 익었던 것이고, 그 언니가 화가 나서 항의를 하려고 그 빵을 도로 가지고 온 것이다.

큰 실수를 저지른 것이다.

"제가 큰 실수를 하였군요. 죄송합니다. 이해해 주시면 다시 좋은 빵으로 구워드리겠습니다."

"돈을 받고 물건을 팔려면 제대로 하셔야지요. 필요 없어요. 돈 다시 내 주세요.

이런 걸 빵이라고."

다시 한 번 땅바닥에 뒹구는 빵을 여지없이 짓뭉개고 나가 버렸다.
"아니, 먹는 음식을…"
"아저씨, 죄송해요." 그 어린 여학생이 울먹이며 인사를 하고 나간다.

 나는 그날 두 인간을 보았다. 자매인데도.
그래서 장사꾼은 간 쓸개를 빼 놓고 장사를 하여야 하고, 장사꾼의 똥은 개도 안 먹는다는 것을 실감한 날이었다.

열한 번째 이야기

 이어서 쓰던 동일 제목의 글을 쉬면서도,
빵 장사를 하면서 겪었던 머릿속에 남아있는 잊지 못할 에피소드들이 있는데...
그것들 중에서 지금도 기억에 남아, 써야 할 의무 같은 일들 중의 하나를 오늘 쓰게 된다.

 인연이란 참으로 묘한 것이고 우연찮게 맞닥뜨리는 것이다.
장사가 항상 힘들고 괴로운 것만은 아니다.
장사를 즐기며 하면 상당한 보람과 재미도 느낄 기회를 만들 수도 있고 또 그것이 우연히 만들어 지기도 한다.
 장사는 이익을 남기는 것을 목적으로 힘을 들이거나 공을 쏟아서 하는 것이다.
그러나 그 이익이 꼭 돈이 아닌 다른 것으로, 즉 어떤 훈훈한 정이나 혼자 짓는 미소로 남기도 한다.
이것은 돈으로 바꿀 수 없는 더 귀한 삶의 이익 일 수도 있다.
 장사는 사람을 상대로 하기 때문에, 여간 힘들고 피곤한 것이 아니다.
돈을 주고 상품이나 서비스를 요구하는 사람은 항상 돈의 값어치보다 덜 받는 것처럼 느끼게 되는 것이기 때문일 것이다.
 장사를 하다 보면 자기 돈을 내고 상품을 사가면서도 역지사지를 하여 장사꾼들을 감동하게 만드는 경우의 사람도 만날 수 있는 행운도 얻을 수 있게 된다.

 스르륵 가게 문이 열리며, 문지방이 낮을 정도로 키가 큰 외국인이 들어왔다.
의자에 앉아서 빵을 굽던 나는 올려다보며 당황하였다.
우선 그 큰 키에 압도당했고, 우리 작은 구멍가게에 외국인이 들어와서 그랬고, 순간 영어가 잘 안되니 걱정이었고…
엉겁결에 '어서 오세요.' 했다.
　' 안영하세요. ' 우리말이었다.
순간 얼마나 기뻤는지…
그러나 그것도 정말 순간 이었다!
　'이거 뭐예요?' 잘 들리지도 않았다.
　'아, 빵이에요.'
　'속에 무엇이 들어있어요? 내가 알러지가 있어요.'
　'팥입니다.'
　"팥이 뭐예요?"
생각이 안나니 둘러 댈 밖에… "red bean입니다."
　'얼마예요?'
　'한 개에 100원입니다.'
　'맛있어요?'
　'먹어 보세요.'
갓 구워낸 빵을 한개 건넸다.
먹어보면서 고개를 끄덕이더니,
　'맛있어요.' 한다.
　'30개 주세요.' 한다.
구워진 것이 10개도 못되는데…
　'지금 이것이 전부인데, 기다리시겠어요? 바로 구워드리죠.'
　'구워 놓으시면 한 시간 후에 가지러 올게요.'
그러면서 미리 돈을 놓고 나간다.
　나가고 나서 빵을 구우며 어떻게 왔을까? 많이도 사가네! 생각하며 궁금했다.
 가끔 지나가는 외국인들이 몇 개씩은 싸 가지고 가는 경우가 있기는 했지만, 옆에 서서 이야기하며 팔아 본 적이 없었기 때문에 궁금하기도 했고,
잘 알아듣지도 못하는 영어에 토막영어로 답하는데 진땀이 나서, 나가고 나니 속이 다 후련했다.
 그런데 주문받은 빵을 구워서 약속에 늦지 않아야 하는데,
그가 나가고 나서 계속해서 손님들이 들어와 빵을 비축해 놓을 수가 없었다.
나는 속으로 애를 태우면서도 만들어 놓은 빵을 오는 손님들에게 팔지 않을 수 없었다.

 나는 숙제를 안 하면 잠을 자지 않고서라도 기어이 끝내야 자는 융통성이 없는 성격이다.
그래서 낮에는 놀고 밤에 전기 켜 놓고 숙제한다고 아버지에게 많이 혼나기도 하였다.
나는 지금도 지킬 수 있는 약속을 지키지 않으며 거짓말을 하는 불성실한 사람을 아주 싫어한다.
그래서 어떤 친구들로 부터는 단순하고 융통성이 없다는 말을 듣기도 하지만, 융통성이란 그런 것이 아니라고 생각해 오고 있다.
 아무튼 내 성격으로는 일단 30개를 만들어 놓고 나서 팔아야 했는데.,
나도 역시 장사꾼이어서 우선 옆에 있는 사람들에게 먼저 팔아야 했다.
그러면서도 가는 시간만 자꾸 쳐다보게 되고 마음은 급하고⋯
좌불안석 이었다.
아직도 구워 채워 놓으려면 10개도 모자라는데!
 문이 열리며 들어왔다.
어! 그런데 다행하게도 그가 아니고 가끔 들르는 묘령의 그 아줌마였

다.
 한편으로는 다행이었다.
시장 다녀오면서 사 가시라고 하면 될 테니까, 우선 그가 주문한 것만 구우면 되기 때문이다.
 '아직 다 안 구워지셨어요?'
 '아, 주문받은 것이 있는데, 오늘따라 손님들이 오셔서 다 집어 가시네요!'
 '이거마저 채우고 구워 드릴게 시장 먼저 다녀오시지요.'
 '아니. 그거예요!'
 '예?'
 '저의 형부가 주문하신 거 가지러 왔어요.'
 '그래요?'
 '형부세요?'
 '네, 그러니 천천히 하세요!'
 '그렇군요! 미안해요.'
 '아니에요. 손님들 오시면 먼저 드리세요. 저는 조금 더 기다려도 돼요!'
 '저런, 고맙습니다.'
이러면서 더 애가 탔다. 미안해서.

 그런데 옆에 서서 빵 굽는 것을 구경하던 그녀가, 무엇인가를 말하려는 듯이 망설이는 것이었다.
 '저, 뭐하나 물어봐도 되요?'
 '네, 그럼요.'
 '죄송하지만, 성함이?'
 '예?'
난 순간 당황했다

열두 번째 이야기

 갑자기 묘령의 아줌마가 내 이름을 물어보니, 이제 겨우 서른이 될까 말까하는 총각이 긴장을 하지 않을 수 있겠는가?
  '왜요?'
  '아니 사장님을 아시는 분이 계셔서!'
  더구나 오랫동안 뵙지를 못했던 여자 분이라, 긴가민가하여서 요!'
  '예?'
 순간 머릿속은 더 복잡해지기 시작하였다.
여자라니?
더구나 오랫동안 보지를 못 했던 여자라면?

 아무런 죄도 없는데, 별 여자들이 다 떠오른다.
겨우 아는 여자라면 처음 키스를 했었던 고 2때의 그 애와, 아직도 눈에 선한 까망이 밖에는 없는데! 오랫동안 보지 못했던 여자라면?
 혹시 내가 서울서 올라오니 그림자도 없이 사라져서 소식을 알 수 없던 그 애?
그런가?

 순간 머릿속은 엄청난 편력이라도 있었던 것처럼 카사노바가 되어 헷갈린다.
아무런 죄도 없는데!
  '글쎄요? 누구신지!'

제2부 이걸 빵이라고 파세요?

이제부터 이 글의 등장인물은 모두가 가명이다.
'혹시 금광국민학교 나오시지 않으셨어요?'
아니 세상에!
국민 학교까지 거슬러 돌아가다니!
머리가 더 복잡해지고 내가 원죄가 있었는지 요란스러워진다.
그렇지만 아무리 순간적이지만 전혀 죄는 없었다.

그래서 '예, 맞는데요!' 했다.
'14회 세요?'
갈수록 점입가경이니 정신이 혼미하다.
'네, 그렇습니다.'
'그럼, 송창재씨 맞아요?'
이거 참!
'네, 맞는데요.'
'언니가 잘 봤어요!'
'예?'
'고영희라고 생각나세요?'
'네?'
그러면서 생각을 하였다.
내가 아는 여자애들을...
'아, 예 알아요!'
'1, 2학년 때 저하고 같은 반이었고. 여러 번 제 짝이었어요!'
'저의 친 언니예요! 아까 외국인이 저의 형부이고요!'
'예? 그랬군요!'

내가 다닌 국민 학교는 잘 사는 아이들이 그리 많지 않은 가난한 학교

였고,
그래서 아이들도 별로 세련되지 못 했었다.
따라서 어릴 적부터 예쁘게 꾸미고 다닌 머슴아 나 계집애들이 별로 없었다.
 계집애들도 마치 선 머슴아 같이 생긴 애들이 많았던 학교였다.
그리고 저학년인 일. 이학년 때에는 남녀가 한 반이어서 별로 내외도 하지 않고 잘들 어울려 놀기도 하였다.
 하지만 내 짝인 그 애는, 얼굴도 하얗고 몸매도 야들야들하니 도회적 냄새가 풍기는 말도 별로 없는 새침한 아이였다.
그래서 가끔 내가 놀리기라도 하면 잘 울고, 말도 별로 없던 약하고 순한 아이였다.

 그 애가 고영희였는데!
어쩌면 내가 참 마음 속으로는 보호해 주고 싶었던 아이였는지 모른다.
그래서 다른 아이들이 놀리면 나는 항상 그 애 편이었고 따라서 남자 친구들은 내가 그 애를 좋아한다고 놀리기도 했었다.
그래도 나는 늘 그 애 편이었던 것이다.
 그러다가 3학년이 되면서 남녀 반이 분리되어 남자끼리만 공부하게 된 후로는 가끔 지나가다 보는 경우 밖에 없었고…언제부터인가는 잊었지만, 그 애 이름을 들으니 말 수도 적고 하얗던, 가녀렸던 그 애가 떠올랐다.

 '네, 영희 생각이 나요. 저하고 짝꿍이었어요! 영희 동생이셨군요.
어쩐지 누구인지는 몰라도 아는 누구인가를 닮았다고 어렴풋이 생각을 했었는데…,너무 오래되었어요. 그런데 저를 어떻게?'
 '언니가 오래 외국에서 살았어요.'
국내에 들어온 지 얼마 되지 않았는데, 저번에 제가 여기 왔을 때 밖에 있었어요.
그러더니 며칠 후에 사장님을 기억해 내 더니, 제게 확인해 보라고 하더군요.'
 '아, 그럼 지금은?'
 '저희 집에서 함께 살아요.'
 '그렇군요. 보고 싶네요.'
 '네. 언니도 보고 싶어 해요.
이제 알았으니, 언니 데리고 올게요.'
 '네, 그래요.'

 그랬구나!
어디선지 본 듯하더니.
사람의 예감은 상당히 예민한 것이었다.
 전혀 모르는 타인에게서 누군가 모를 기억도 나지 않는 사람을 느끼다니?
내가 그 애를 좋아 했었나보다!
나도 놀랐다!
20년이 더 지났는데

열세 번째 이야기

 드디어 나타났다.
그 며칠 후,

 학생들이 점심을 먹고 나가서 한 바탕 소란스런 전쟁을 치른 뒤, 조금 한가한 시간에
가게 문을 열고 두 여인이 들어왔다.

 두 사람은 완전히 판박이였다.
동생만이 드나들 때에는 그렇게 까지는 기억이 나지는 않았고 어디서 본 듯한 인상일 뿐이었는데, 둘이서 함께 들어오니 바로 그 애였다.
 미리 동생한테 들어서 더 그랬었겠지만, 영희는 변한 것이 없는 것 같은 그 전의 모습 같았다.
"잘 있었어?"
"응, 너무 오랜만이네! 이게 얼마만이야? 20년이 넘었지?"
"오래 되었네! 나 많이 변했지?"
"그래, 하지만 예전 모습은 많이 남아있네!"
"예전에 어땠는데?"
"응, 약하고, 하얗고, 머리가 길고, 예쁘고, 조용하고!"
"너무 좋은 기억만하네! ㅎㅎ"
"그래?"
"내가 교실에서 쓰러져서, 병원에 업혀갔던 기억은 안나?"
"아, 쉬는 시간에?"
"그래, 니 짝꿍 일 때…"

그때 영희는 내 짝꿍이었다.
쉬는 시간이면 화장실에 다녀와서는 다른 아이들처럼 떠들고 장난하며 놀지를 않고
조용히 앉아있었다.
나도 역시 아이들과 어울려 놀 수 있는 처지가 아니었기 때문에 마찬가지였다.
함께 장난도 치며 뛰어놀면 좋겠지만 그럴 수가 없으니..
 그러니 우리 둘은 마치 연애하는 연인들처럼 조용히 앉아서 다른 아이들 노는 것이나 구경하든지, 아니면 그냥 별 말없이 서로 눈이 마주치면 쳐다보고 아니면 책이나 보고 그랬을 것이다.
 지금 생각해 보면, 선생님이 일부러 우리 둘을 싹으로 앉히신 것 같다.
다른 애들처럼 마음대로 나댈 수 도 없고 서로가 조심스러운 아이들 이어서.
하지만 나는 꼭 그랬던 것은 아니다.
상당히 짓궂은 개구쟁이였다.
물론 온 교실을 뛰어 다니는 정도는 아니었지만,
그런데도 영희가 조용히 앉아 있으면 나도 왠지 조용히 옆에 앉아 있고만 싶었나 보다.
그 당시의 내 심정을 전부 기억할 수는 없지만 ㅎㅎ

 그런 어느 날 수업시간 말미에 책상에 엎드리어 있던 영희가 쉬는 시간인데도 일어나지를 않았다.
그래서 나는 장난삼아 엎드린 영희의 양 갈래로 묶인 뒷머리를 잡아당기며
"영희야, 변소가자!" 하며 깨웠다.

그런데 곁눈으로 얼핏 쳐다보는 것 같던 애가 그대로 엎어지는 것이다.
이상하다는 것을 느끼고, 더 흔들어도 일어나지를 않았다.
 나는 화장실에 가는 것도 잊어버리고, 교무실로 가서 선생님께 말씀드렸다.
교무실이 복도 끝에 있었지만 내 걸음으로는 멀었다.
마음은 조급했어도 빨리 달려갈 수도 없고, 다른 애들은 노느라 정신들이 없어서 부탁할 수 있는 애들도 없었기 때문에…

 선생님은 나를 그냥 두고 당신이 먼저 달려 나가셨고, 내가 교실에 들어가기도 전에 영희는 선생님 등에 업혀 나오고 있었다.
깜짝 놀랐다.
그 때에야 오줌이 마려웠다.
결국은 화장실 가는 도중에 실례를 할 수 밖에 없었다. 바지에!
 나는 집으로 돌아왔고,
영희는 언제 교실로 돌아 왔는지, 집으로 갔는지 알 수가 없었다.

 우리 때는 가끔 겪는 일이었다.
워낙 가난하게 살던 시절이라 하루 세끼를 먹는다는 것은 부자들이 아니면 엄두를 못 낼 일이었고, 보통이 두 끼이고 특히 우리 집은 정상이 한 끼였다.
밥을 굶고 학교에 가야했던 날도 많았고…
 어느 구충제 주는 날에는, 하교 중에 나도 결국은 길에서 쓰러졌으니까!
그 때에는 학교에서 구충제 먹는 날을 정하여, 단체로 구충제를 먹였다.
그 전날 선생님은 "내일은 아침밥 먹지 말고 학교에 와라. 회충약 먹는 날이다." 하신다.
하지만 먹고 올 아침밥도 없으니 선생님 말씀을 잊고 있어도 아무 염려가 없다.
이랬다.
순간에 머릿속을 스치는 그때 풍경들이었다.

내가 무엇을 생각하고 있는지를 눈치라도 챈 것처럼
"그 때는 참, 많이들 어려웠었지! 많이 변했어. 그리 오래되지도 않은 것 같은데.." 영희는 말했다.
"그래. 국민학교 졸업한지가 얼마 되지 않은 것 같은데…" 나도 그때가 많이 생각났다.
"나중에 안 보였는데 무슨 일 있었어?"
"나, 미국으로 입양 갔있어."
"그랬었구나."
"이제 이렇게 다시 만났으니, 오늘은 가게 때문에 확인만 하고 갈게. 가게 쉬는 날 밖에 나가서 차라도 한잔하며 밀린 이야기들이나 해. 괜찮지?"
"그럼, 괜찮지."
"오늘은 얼굴 봤으니 그냥 갈게. 자주 들를게! 궁금한 것 참고 천천히 이야기하기로 하고…"
그러면서 동생하고 갔다.
오랜만인데 장사를 해야 하기 때문에 어쩔 수가 없었다.

열네 번째 이야기와 에필로그

겨우 여덟 살 아이들의 추억 속에 가난하게 힘들어 살던 시절의 짝꿍은, 기억에서 잊어버려졌었고 졸업앨범을 보아도 어디에 있을까 찾을 수도 없는 모습이었었다.
 그러나 막연하게 어디선가 보았었다는 어렴풋이 남았던 모습이 현실 속에 확연한 모습으로 생성되어지니 그때가 보이는 것 같았다.
 영희도 역시 가난이 문제였다.
악성빈혈이었는데도 먹을 것 부족하고 모든 악조건의 환경 속에서 치료도 힘들고 살아나가는 것조차 힘들어 미국에 사는 먼 친척에게 입양을 가게 되었다.
 그래서 늘 창백한 얼굴에 가녀린 모습이었는데, 내게는 그 얼굴이 우유 빛처럼 뽀얀 청순가련한 코스모스처럼 각인되어 있었나보다.
 여덟 살에 외국에 가서, 서른 살 성년이 되어서야 한국에 자원근무를 택한 남편을 따라 2년계약을 하고 고국에 돌아왔던 것이다.
 그 동안 가끔 들러 가기는 했지만, 이미 오래된 후라 아는 친구들도 없고 그래도 짝이었던 나만 어렴풋이 생각이 나더란다.
 더구나 내 몸이 그러니 기억이 나고, 학교에서 그 사건이 나고서 아예 미국으로 건너가게 되는 계기가 되었으니 어렴풋한 기억 속에 내가 보고 싶기도 하더란다.
 그런데 동생을 따라 예전의 재래시장을 구경삼아 나왔다가 내 가게 앞에서 본 내 모습이 비슷한 것 같아서 혹시나 하고 동생에게 알아보라고 했었더란다.

 군대에 근무하는 의사로 한국에 파견근무를 자원한 남편을 따라 나와

서 군산을 둘러보았지만 모교는 그대로 있어도 친구들은 하나도 몰라 답답했었다며 많이 반가워했고,
이제는 건강해서 잘 살고 있다고 고마워했다.
 군산에 있는 6개월여를 서로 시간이 맞으면 남편 차로 가까운 곳으로 바람도 쐬러 다니며 내가 가이드 역할을 하면서 재미있게 지내다 미국으로 돌아갔다.
 가게를 하며 많은 사람들을 대하다보니 우연찮게 어린 시절의 짝꿍을 찾은 경우도 생기게 되었던 것이다.

 가게를 개업한 일 년 후 어느 봄에, 아버지가 가끔 무릎이 아프시다더니 얼마 안 되어서 지팡이를 짚으셨다.
 워낙 부지런하시고 직업이 출근시간이 새벽녘이어서 한 겨울에도 껌껌한 새벽에 찬물로 세수하고 출근 하시던 아버지가 갑자기 그러시니 걱정스러웠다.
 별일 없으실 거고 연세가 들어가시니 그러시겠지 하고 가벼운 마음으로 병원에 가서 진단을 하니 골수암이라는 것이었다.
일부러 친구가 근무하는 대학 종합병원에서 진료를 하였는데 …청천벽력이었다.
 그 당시의 사망률이 가장 높은 병명이 암이었으니까.
차마 아버지께 진단 결과를 말씀드리기 어려워 형님께만 이야기했지만, 결국은 가족회의에서 아버지께 말씀드리기로 하고 다시 원자력병원에 가서 진료를 하였다.
 최종판정은 동일했고, 결국은 형님은 당신 사업체가 있는 여수를 비워 둘 수가 없어
나와 작은 여동생이 아버지를 간호해 드리기로 하고 나의 꿈을 기르던 가게를 폐쇄할 수밖에 없었다.

그렇게 일 년 여를 버티시던 아버지는 결국 돌아가시고 아버지 침대 밑에 내가 깔고 자던 장판용 베니어판을 태우고, 이리 귀금속 공단에 고등학교 중퇴 학력의 위장취업자로 귀금속 연마 보조공인 공돌이가 되었다.

한때는 잘 생긴 빵집아저씨였는데 ㅎㅎㅎ

이제 불안한 위장취업의 공돌이가 되었다.

그리도 흔한 민주투사가 되기 위해서 위장 취업을 한 것이 아니고, 먹고 살기 위해서인데도 늘 불안하였다.

 이렇게 내 인생의 한 토막은 또 접어졌다.

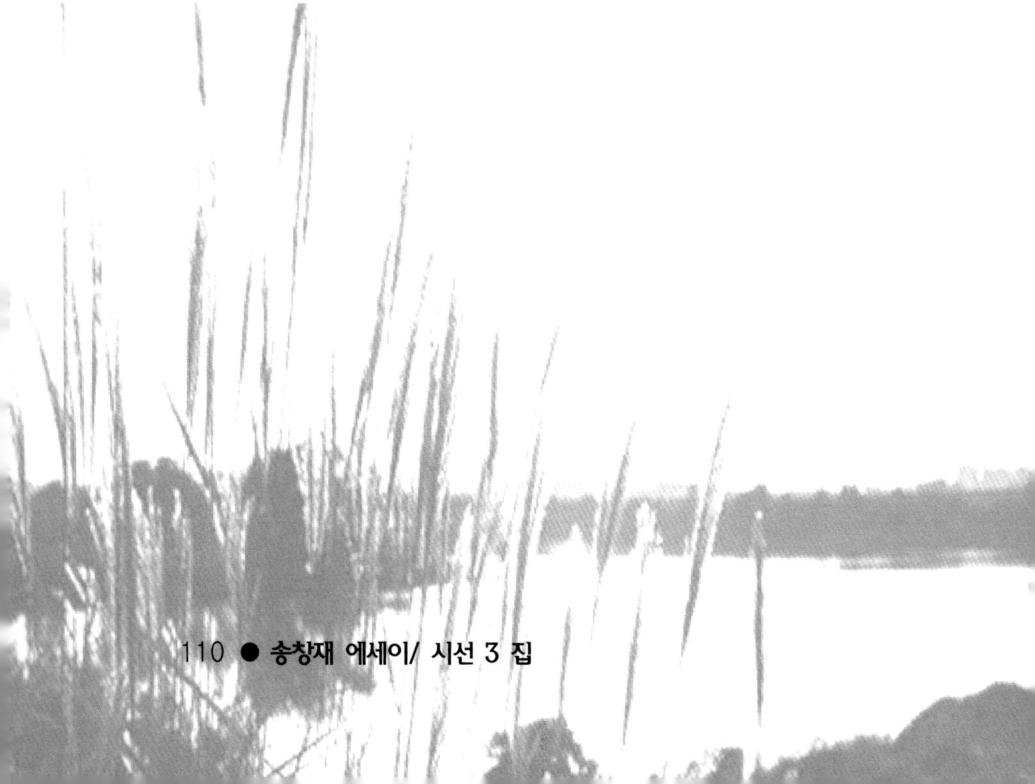

제3부
기다림

건널목

걷다가 건너야한다.
달리다 건너야한다.
달리다 걷다가 건너야한다.

싫으면
건너로 건너지 않으면 된다.
허나 그 건너에는 그리움이 있다.
나도 너도

잠깐 멈추란다.
멈추어
제가 그러기를 기다린다.
제도 제 그리움을 찾아
제 곳을 건넌다.

내 기다림이 길다.
제 기다림이 길어서
내 기다림도 길다.

언젠가 건너가리라.
나도 건너가리라.
잠깐이면 되는 것이다.

설워하는 인생아
슬퍼하지 말고
기다려 저 선을 넘자.
기다려라!

가을아,

왜 이리 맑을까
깊은 산속 손바닥 옹달샘에
토끼 마실 샘처럼

왜 이리 깊을까
예쁜 몽돌 물수제비
떠 뵈지 않을 깊음으로

왜 이리 밝을까
깊은 숲 작은 오두막
늙은 부부 호롱불 밝힌 듯

왜 이리 포근할까
새 아기 젖가슴 주는
향기로운 속살처럼

너 가을아
어찌
모두 두고 가려고…

너 아쉬워
한 장 잎에 고운 색 물들이며
옹달샘 가 늙은 부부
부드러운 물수제비 억센 겨울에 남겨두어.

오늘처럼 따뜻한 예쁜 봄 오면
너 화신되어
부푼 내 가슴에
너를 한껏 안아줄게.

너 보내기 마냥 아쉬워
떨어진 낙엽 속에 너를 남겨 갈피 할게.

개벽

시월
밝은 하늘이 맑은 바람을 뚫고 내려 올 때
삼사를 거느린 환웅은
천단에 내리시어
시원한 압수에 발을 담그셨으니

온 산 것들이 내려와
이 반도를 경배했으리라.

조부님은
자손들에게 홍익인간을 두루 펴시어
모두가 주인 되어
고운 백성이기를 바라셨다.

지금
개천의 용틀임이 시작되어
하늘이 붉게 태동하니
이제 붉은 해 덩어리는 동쪽에 떠서 이 땅과 어울리리라.

오늘
작은 이 곳에
예쁜이들이 모여
그래도 이렇게라도 모여

참 사람으로 나기위해
맑은 가을바람 속에 깃발을 걸었다.

무리지은 산들이
옹기종기 모여 군산이라 이름 한
첫 이름 진포는

가을 햇볕과 청풍에 나락 누렇게 익어 배부름이 들판에 가득하여
개천의 뜻을 기린다.

여기
사랑의 모임 터에 얼싸안고 우리의 마음을 노래한다.

나라야,
하늘의 뜻을 알아라.
작은 이곳의 백성들도 주인임을 아는데
할아버지의 뜻이 그것이었다는 것을 잘 아는데!

공허

또 혼자다
늘 그래서 군살이 박힌 줄 알았는데!
이제는 언제든지 그렇게 살 수 있으리라 생각했었는데

밖에서는
허망한 웃음과 빈껍데기의 말들만 하고,
안에는 휑하니 빈 바람만이 가득하다.

빈집
바로 그거다.
따뜻한 것은 햇볕뿐이니 이것조차 나를 비웃는 것 같다.

이제 혼자 있다는 것이 무서워진다.
서로 이해한다는 것이 그렇게 어려운 것일까
내가 옹졸했나
내가 넓은 척 할걸 그랬나

옆으로 오가며 두런거리는 잔소리도
음악이었고
현관 앞에 엎어져 놓여있던 신발들도
사람이었고 정이었다.

잊고 힘들어하지 말아야하는데
언제까지 갈까...
언제나 나를 찾을 수 있을까

힘들다.
새로 혼자서 산다는 것이
애초 혼자였던 것이 나였는데
이럴 줄은 몰랐다.

빈 배

오래된 강이었다.
그 곳에 있는 강은.

젊을 적 보았던 추억의 그 강에
늙어 가 보았다.

아직도
도도히 늙은 채 흐르는 강 너머엔
그날처럼
여름의 하늘이 내려 와 있다.

강가에 걸린 술 마차에는
젊은 내가 앉아 보인다.

뭍에 묶어 올려 진 낡은 배 속에는,
그보다 더 삭은 내가
젓가락 장단을 치며
노래를 부른다.

그때 그 곳처럼,
여인은 수평선을 바라보며,
빈 배를 슬퍼하며.
젓가락 장단에 맞추어 나직이 속 노래를 불러준다.

그때가 보고 싶어
그때를 그리워하며!

확 트인 하늘을 보며
시원한 강을 보니,
가슴 속이 허기져 오네! 라면서,
그렁거리는
모습을 보이기 싫어
자꾸 멀어져 간다.

먼 옛날을 보면서

빛

뜨거워 이글거리며 생명을 잉태한다.
새 생명은 이렇게 끓어오르는
가을 강에 있었다.

소슬한 바람에 가벼이 살랑이며
무거워 힘겨우며 생명을 저장한다.

인제
가을 들판이 이렇게 뜨거워 영글어가는 가는 것을 보았나.

가을들판은 무겁고 뜨거워
바람도 쉽게 건너지 못한다.

머물러 어루만지며
만들어지는 생명의 윤회이다.

지면서 또 생겨남은
봄에만 있는 것이 아니었다.
생겨나는 것은 도처의 빛에 있었다.

삭발

버리고 내려놓으면
모든 번뇌 가벼우리라.
뇌성벽력 번쩍인 날
무너져 새로 나리라

돌아가리라 시작한 날.
무명초 한 뭉치를
구석진 뒷길에 버려 버리며
큰 사랑 하나를 얻었다.

찾았는지 숨겼는지
기른 만큼 버리면,
그 만큼만 돌아가면
무디어 질 것을

찾아 간수하겠다고
늘이고 가꾸어도
결국은 그 자리였다.

하늘 일 이런가
이제 너를 찾으라.
세상을 희롱마라
찾고자 한다면 그것은 우롱이고 결례이다.

모르는 거리
뒷골목에 잘라 버리고
세상에 안기어 사랑에 들었다.

심포 늙은 보리밭

쏴아 출렁출렁
그곳은 힘찬 바다였었다.
파도소리는
처 얼 썩 이 아닌 쏴아 였다.

푸르던 그 바다가
이제 옷을 갈아입는다.
댕댕하던 짖가슴은 쭈글쭈글
그래도 마지막 오기로
바짝 꼭지를 세웠다.

갈아입는 옷 사이로 맨살을 군데군데 보이며
젊은 적 유혹의 몸내를 보인다.

농염한 푸름으로
흐느적거리며
웨이브진 허리를 요동질 치던 심포의 청 보리는

그 시절 검은 푸름이
검버섯 생긴 할멈처럼
깜부기 가루를 날리며 누렇게 늙어간다.

부드럽던 살결도
어느새 가시지어
까시락진다.

나이 들어 까시락진 몸뚱아리는

마지막 발악인양
만경강 바람에
소래기가 더 크다
늙으면서 발악만 남았나 보다.

청보리가
빛바랜 촌로가 되더니
강바람에 잘 늙어
황금 보리밭이다.

영실 가는 길

귀기가 서렸다
그 길에는
싸늘한 음기가 있었다.

차가운 림프의 길이었다.

도란도란
검은 옷에 흰 두건을 두른
그들의 세상으로 찾아가는 길이었다.

어두워져 울창해서 오히려
비에 적셔진 내가 맑아지는 곳이었다.

깊어가는 길섶 작은 가지 하나에도
전설에 젖은 맑은 바람이 일었다.

영령이 찾아들어 안주할 비경이
턱 버티고 거기에 있었다.
영실 이었다.

끝없이 파고드는
한라산 맑은 영혼들의 영실이었다.

회색 바위에 앉아 날개 쉬는
천년 학 거기 있었다.
영실 이었다.

겨울 새 (선유도 망주봉 앞바다)

거기에
작은 물새 한 마리
있었습니다.

나는
왜 거기에
그렇게 홀로
있는지를 모릅니다

매서운 겨울바람을 맞으며.

밀려오는 하얀 포말을 따라
너무 커 들리지 않는
가슴을 때리는 파도소리를 들으며

작은 발자욱
한걸음 내딛으면,

따라와 지워지는 삶의 흔적들을 애써 없애가며,
커다란 바람에
내딛기 어려워

거기에 작은.
그녀가 있었습니다.

그저
금 모래밭에
빈 자욱만을 그리며
슬픈 물새를 따라 가고 있는 그녀가 있었습니다.

지나 와 밀려오는 쌓인 그리움과,
파도처럼 철썩이는 수많은 회한과,
슬픔과 사랑을 찍어가며,

따가워 뗄 수 없어
흐르는 눈물에 가려
앞서가는 작은 새를 볼 수 없습니다.

한없이
한없이 작아져
이제 보이지 않는 슬픈 물새는
어느새 그녀였습니다.

잘못 찍힌 사진 속에
웃고 있는 그녀는,

커다란 겨울바다 복판에
동그라니 웅크린
외로운 한 마리의
하얀 새였습니다.

지워지지 않는
내 마음의
아름다운
따뜻한
겨울 새였습니다.

나의 그리운
사랑이었습니다.

오월이 오면

오월이 오면,

티 없이 맑은
하얀 하늘에
향기로운
비취빛 바람이 불면

우리
나가보지 않겠니

온갖 푸름에
연두와 섞여 분홍 꽃 색 은은한
하늘 들판으로

출렁거리는
청 보리 뚝 길로

우리 손잡고
함께
나가 보지 않겠니?

거기엔 시기와 반목도 없이
동그란 아기웃음과
깔깔대는 소녀의 웃음만이

벌판 너머
길 건너 더 넓은 곳으로

그 곳엔 음흉함도 없고
협잡도 없고
위선도 없고

오직
동그랗고, 깔깔거리는
사랑과 희망과 온유의 웃음만이

우리 오늘이 오니
함께 그렇게 나가보지 않겠니?

욕심과 음해와 거짓과 위선이 없이
사랑으로만
함께 나가보지 않겠니?

오월이 왔으니
그러자
함께 가자

저녁노을

지는 것은 슬픈 것 이었다

떨어지는 것은
외롭고 슬픈 것이었다.

봄날
통째 떨어지는 하얀 목련도
붉게
뚝 떨어지는 동백꽃도
익은 가슴 같던 홍시도
푸르던 새싹이었던 낙엽도

모두가 떨어지면
외로움과 회한과 슬픔이었다.

그러나
떨어지고 지고 빠져도
아름다움으로 살아있었다.

온통 마지막 정열을
저를 온 몸으로 불살라 빠지며
사방은 모두
터진 피 꽃으로 피었다.

지면서 떨어지면서
피는 꽃으로 산화한다.
꽃을 피게 하고 서서히 떨어진다.

지는 것이 떨어지는 것이 모두
슬픈 것은 아니었다.
그것은 전부를 담은 영원이었다.

지는 것도 환호이고 황홀이었다.
지는 것이여 아름다움이어라!
고마워라!

저문 바다 (선유도 에서)

저문 바다는
해를 품어 안았다.

꼭 껴안아
한 줄기의 허튼 빛도 허용치 않는다.

하늘을 그렇게
뜨겁게 만들더니

이제는 저문 바다 속 엄마 같은 품속에
해는 포근하게 그렇게 안겼다

꼭 안긴 해는

사금파리 별 조각이 되어
저문 바다 속을 반짝이며
유영한다

저문 바다 속에서는
해는 별이 된다.
예쁘게 반짝이는

그 별 이고 싶다

화사

진이 빠진다.
푸석푸석 빈 껍질만 남는다.
겨우 진기가 그 거였단 말인가

탈피를 한
새 살을 만든 뱀은 껍질을 버린다.

봄 되니
꽃뱀이 나온다.
내 맘의 화사가

꽃 속을 배로 걷는다.
만져보고 싶어서
혀만 날름거린다.

울긋불긋
꽃 같은 꽃뱀이.

풍란

늙은 바위 꼭대기에
풍만하게 버팅기는
싱싱한 그녀는
속살이
하얀 보석이었다.

천년 하늘 빛
이끼 이불 두텁게 두르고
바람 부는 언덕 위에
젖살 벗은 살 오른 몸으로
한껏 해를 희롱한다.

바위 위에
뽀얀 몸을 티 없이 드러내던
인어였던 그녀는

로렐라이 뭇 바다 사내를 유혹하던
아름다운 뽐새로
나마저 유혹한다.

가녀린 풀뿌리에
살 오른 매끈함이
이제 막 처녀 꼴 박히는

청량한 아이의
허연 허벅지가 되어간다.

도롱이 쓴 사공
작은 댓잎 배하나 띄워
그녀의 유혹에 젖어 볼까나!

환희

어제는 100개였습니다.
오늘은 세어보니 125개였습니다.
지금 또 세어보면
130송이 일 것입니다.

아침 바람이 차갑습니다.
햇볕은 따스하고요.
그러면 내일은 몇 송이가 활짝 펴는지요.
그것은 순전히 햇볕과 바람의 마음입니다.

내 뜰에는 예쁜 꽃들이 피는 매실나무가 있습니다.
밭에는 다섯 아이나 있습니다.
애들이 꽃을 준비하는 지도 모르고 있었습니다.

누구는 산수유를 보러 둘이 함께 떠날 때
나는 내 사랑에 겨워
내 꽃들을 잊고 있었습니다.

어느 날 문득
미몽에서 깨어 하늘을 보니 그 앞에 가득
내 꽃들 이었습니다.
어느 새
얘들이 준비 하였을까.

외롭게 두어도
홀로 하늘을 받아
바람을 견디고!

세어 보았습니다.
100개
다음 날은125개
내일은.

오늘 아침 바람이 있습니다.
다투어 피기 시작하면
한 아이는 떨어지고,
어느 아이는 또 피겠죠

그러다 어느 날은 꽃밭일 거고
그러면 또
나비, 벌들이 나와 함께 분분하겠죠.

그것이 봄밭에 꿋꿋이
서 있는 봄꽃이랍니다.
춘 겨울 이기며
숨겨둔 꽃을 드리는.

순전히 바람과 햇볕 탓이죠.
아닙니다
이들을 이기며 사랑하는 꽃들의 용기 이지요.
이 것이 봄꽃이랍니다.

연애편지

밤새 끙끙대며
한자 한줄 기워가며
한 장을 적어두고
그 얼굴 그리워
꿈속을 헤매었다

네잎 클로버 핑크 종이위에
사랑으로 정성 담아
멋지게 적었건만

아침 햇볕에
비추어 본 사연은
심야방송 사내의
끈적한 편지였다.

낯 뜨거워 붉힌 채
차마 부치지 못하고
책상서랍 구석에서
이사 가는 날 찾았다.

끝내 부치지 못한
명문 연서뭉치는

행여
아내 눈에 뜨일까
낙엽과 함께
청춘마저 태워버렸다.

여승의 배롱나무

탑 곁의 묵은 배롱나무에
붉은 꽃 고운 빛으로 산사를 물들이면
뒷산 숲속에 홀로 훌쩍이는
밤 소쩍새만이 배고프다

시어머니 흉보며
밤의 산사를 뒤적입니다.
달빛 밝아
따르는 달그림자 안고
염주 쥔 두 손 가만히 모두어
백팔번뇌 씻어달라고
탑돌이를 합니다.

오욕칠정 모든 번뇌
내 속에서 씻으라고
올려 탑만 보며
차분한 발 사뿐히 내딛건만

달 속 배롱나무 붉은 꽃은

그 날의
그 꽃빛을 지울 수가 없습니다

언제
파리한 머리위에
핏빛 배롱 꽃 한 송이
조용히 내려앉아

핏빛의 그리움이
배롱 꽃보다 진한 달빛을
모질게 밟고

뒷산 소쩍새와
어느새
배롱나무 돌이를 하고 있는
젊은 여승이 있었습니다.

소쩍새보다 더 그립게
눈물 섞인 염불을 합니다.
더 크게
나무관세음보살!

붉은 배롱나무 돌이를 하는
달빛의 세상을
알지도 못할 것 같은

아직 어린 여승이 있었습니다.

청춘

멈칫거리며 버팅기며 뒷걸음치다.

돌아보면 못내 섭섭해질까
아쉬움 두기 싫어
뜨거워서
주체하지도 못하던 외로움에 짓눌린
슬프디 슬픈 뒷모습을 보이기 싫다

밤도 낮도 뜨거웠던
그 날들이었지만
차갑게 식혀
이젠 허허롭게
돌아서야 한다.
내려두고 홀가분하게.

그래 그냥 떠나기 서러워
너를 다시 잡고파서

밀려오는 누런 아우성에
너를 잊고 가마
너를 두고 가마

저기
삭아가는 싸리 울타리
숭숭한
바람구멍 끝에 걸려

엉거주춤하며
애 태우다.
한 발만 걸쳐 치면 너를 떠나마.

이제 보인다.

돌아서면 달려갈 것이다
외롭다. 이 바람!
그립다. 너!

실루엣

어린 사랑은
아무 것도 남기지 않고
바람처럼 떠났다.
그립고 보고 싶어 찾아 헤맨 눈물만 남겨준 체

오래 지난 해후의 날
흔적 없이 갈 때처럼
기별 없이 나타났디.

전화 속의 목소리는,
내 눈이 먼저 알아듣고
앞을 흐리게 막아 버렸다.

그 다리 끝에 서 있는 실루엣은
어린 사랑이 아닌
그러나 그대로였다.

30년 만의 해후
다리 끝의 모습은
우리 어린사랑
그때 너였다.

제4부
수학여행

모놀로그

내가 수학여행을 다녀왔다.
그것도 멋지게!
멋진 친구들과!

 수학여행이라면 학창시절의 백미이며 영원히 잊지 못 할 추억의 큰 자락일 것이다.
개인적인 생각이나 정서의 차이는 다소 있을 것이지만, 아마 기쁘든 아니든 어떤 종류의 추억들 일지언정 무엇인가 한 가지씩은 가지고 있는 것이 수학여행일 것이다.
 학창시절에 공식적으로 외박을 허락받아 친구들과 함께 외박을 할 수 있고 그것도 자연을 벗 삼아 유명관광지를 둘러보며 밤 세워 친구들과 논다는 것은, 수학여행에서 무엇을 보고 배운다는 의미를 염두에 두든 말든 일단은 재미가 있는, 지긋지긋한 일상에서의 일탈이라서 더 좋은 것이었을 것이다.
 그런데 나는 다른 사람들에 비하여 더 긴 학생시절을 보냈으면서도 그리고 이런 수학여행의 의미와 정취를 잘 알면서도, 실제 경험은 한 번도 없었다.
그러기 때문에 수학여행의 의미와 가치에 대하여 더 잘 안다고 보아도 좋은 이유는, 무경험의 경험이라고 할 수 있는 간절한 역설적 경험을 가지고 있었기 때문이었을 것이다

 그러한 피상적 경험 속에서 지금까지 꿈꾸다 포기하고, 아예 생각하지도 않았던 수학여행의 의미를 가지는 여행을 실제로 하게 되었다.

이 나이에!
 이 나이라 하니 어느 사람은 노인대학에서도 수학여행을 가는가 보다고 생각 할 수도 있을 것이다.
 할 일없는 일부 노인들을 포함하여 몰지각한 부류들의 '묻지 마 관광' 만 할 것이 아니라, 노인대학도 수학여행을 다녀와서 길어진 삶의 과정에서 제2의 학창의 경험을 만들어 보는 것도 의미가 있는 일이 아닐까하는 생각도 이번 여행에서 해 보았으니까.
그것도 각자의 취향이고 사고의 차이겠지만.

 요즘은 사람들이 국내보다는 오히려 해외관광들을 많이 다니며 여유있는 경제적 자만을 즐기며, 단순히 골프만을 즐기기 위해서 옆 마을에 있는 골프장에 드나들 듯이 쉽게 해외여행을 즐기기도 한다.
 그것도 물론 자기의 경제력이며 메니아적인 취향이든 허세이든 그것에 대한 가치판단을 하자는 것도 아니고, 넓은 시야와 안목을 키워 세계인으로의 학습을 하기 위해서 다니는 수학여행의 의미라고 견강부회 할 수도 있을 것이며,
관광 학에서 말하는 레져의 의미나 소외되는 사람들과의 유리된 사고나 시각의 차이를 말하자는 이론적 여행의 가치규정을 이야기하는 것은 아니다.

 순수한 학창시절의 수학여행..
그것도 지금처럼 외국으로 나가는 수학여행 말고 부여, 경주, 설악산, 더 나아가면 제주도까지 가는 보수적 의미의 수학여행을 말하는 것이다.
 이런 전통적 의미로서의 수학여행을 이렇게 늦은 나이에 처음 다녀온 것이다.

물론 나이는 숫자에 불과하다는 것을 신봉하는 나이지만,
그것도 좋은 친구들의 배려에 힘입어. 함께!
 비록 주마간산, 아니 주차간산이었을 망정 그렇게 꿈꾸었던 동해안을 고래 잡으러 일주하였다.

국민학교

 나는 지금까지 수학여행이란 것을 한 번도 가보지를 못했다.
국민학교때는 몸도 불편하지만, 가고 싶었어도 수학 여행비를 낼 수 없을 정도로 가난하여 여행을 갈 수도 없었다.
 그 당시의 수학여행은 일종의 행사였으며, 가진 자들의 사치였다.
학교에서 걷는 각종 잡부금도 많아서 이것들 내는 것도 벅찬데, 기차를 타고 여행까지 간다는 것은..
지금의 외국으로 신혼여행 가는 것보다 더한 설레임과 우쭐함의 자랑거리였던 것이나. 질사는 아이들의 그룹여행이었던 것이다.
아마 우리 국민학교때는 부여가 목적지였던 것 같다.

 그런데 그 당시의 교육이라는 것이,
얼마나 비인권적 사고의 단순한 가르침인 원시시대였는지를 말하자면
 돈이 없어 남들이 가는 수학여행을 못 가는 것도 괴롭고 창피한데..
수학여행 출발하는 날 아침에, 가는 아이든 못가는 아이든 모두 운동장에 모여서,
가는 아이들은 떠나며 신나게 손을 흔들고, 못가는 아이들은 출세하여 장도에 오르는 멋진 애인과 이별이라도 하며 이제는 잘난 애인을 만나 자기는 신다만 헌신짝처럼 버려지는 가슴이 메어지는 기분으로 배웅의 손을 흔들어주고 교실로 되돌아 들어가야 했으니!
 학교나 담임선생님들은 수학여행은 교육의 연장이며 아주 귀한 공부의 기회라며, 마치 현재의 현장학습처럼 귀한교육의 가치임을 내세우며 한 사람이라도 더 데리고 가려고 했다.
나중에 듣기는 소문이 헛소문이기를 지금도 바라고 있지만, 마치 호객

행위하는 것처럼 아이들의 동원 인원수에 따라 식당이나 여관에서의 선생님들에 대한 대우가 달라졌다니?
설마 그래도 교육인데 그렇지는 않았을 것이라 믿는다.

 그런데 운동장에서 장도로 떠난다고 의기양양하게 사열을 받으며 떠난 잘사는 집 자식들과, 마치 패잔병들처럼 어깨 축 처져서 다시 교실로 들어온 아이들은 그때부터 금 수저와 흙 수저의 세상을 몸으로, 흔든 손으로 느끼며 살아야 한다는 것을 교육의 현장에서 체험교육을 통해 받았다. 그러니 떠난 자나 남겨진 자는 모두가 교육의 현장에 있었던 것은 분명하다.
하지만 떠난 아이들은 신나게 여행하며 멋진 곳을 갔는데..
남겨진 흙 수저들은 매일 보기도 지겨운 변소청소까지 해야 하니..!
그래서 옆집에서 돈을 꾸어서라도 수학여행을 보내고 싶어 하셨던 부모들의 심정은 오죽들 하셨을까?
이것이 그 당시의 수학여행 이었다.

 다녀와서 자기들끼리 모여 키득거리며 경험담을 하는 것을 보면 유치하기 한량없는데도, 선생님은 마치 큰 공을 세운 전사들을 이끌고 고지라도 하나 탈취하고 온 장군인양 으스대었다.
어린 내 눈에 보였던 첫 수학여행의 풍경이 우울한 아침으로 기억되는 이유이며,
금과 흙이 세상의 기준이라는 것을 인식하는 현장학습 터였던 것이다.
아마 수학여행에 대한 아픈 기억을 이때 트라우마처럼 지니기 시작하신, 찢어지게 힘들게 사신 분들도 계셔서 기억하기 싫은 기억 중에 하나가 수학여행인 분들도 계실 것이다.

이것도 교육이라고 갈 건지 안 갈 건지?
수학 여행비를 걷으며 명단을 적어 나가던 선생님의 얼굴은 기억도 없다.
이번 여행에서도 그때와 겹치는 마음의 우울한 그림들이 많아서, 외국으로 가지는 못할망정..
모두들 가을이라고 떠드는데도, 먹고 살고자 여행을 떠나지 못하시는 분들이, 나의 국민학교를 보는 것 같아 매우 미안했다.

 지금의 나는 결코 금 수저는 아니고, 평생의 희망을 실천하려는 흙 수저임에 틀림없다.
위 글은 여행의 큰 가치를 폄하하려는 것은 절대로 아니다.
그 가치의 소중함을 어떤 누구보다도 몸소 체험하고 있는 본인이다.
일생동안 수학여행이라는 명칭으로 떠나보지 못했던 심정을 각 학창시절로 나누어 회상해보니 이랬다는 것이다.
3부에서는 중, 고시절의 수학여행에 대한 회고담과 함께
4부에서는 나의 두 군데 대학 졸업여행일 것이고,
그 다음에는 이번 여행에 대한 소회를 적을 것이다.
 물론 모두가 나의 입장에서 표현할 수밖에 없으니, 일반적인 관점과 다른 표현이 있다하더라도 양해해 주시기를 바란다.

중학교

중, 고등학교의 수학여행은 국민학교 수학여행에 비하여 상당히 성숙해졌다.
아무래도 국민학생들은 어리기 때문에 자기들의 감정을 스스럼없이 표현하여 남들의 상처를 생각할 수 있는 나이는 아니다.
따라서 순진하여 좋지만 그것이 예민하고 조숙한 다른 아이에게는 상처가 되기가 쉬운 때도 있다.
 중학교에 들어가서는, 그래도 사춘기를 맞이한 아이들은 이유없는 불만을 표출하며 좌충우돌할 나이가 되지만,
조금 빠른 정신적 성장을 보이기 시작하는 친구들은 심각해지고 차분해지기도 한다.
이 차이가 수학여행에서도 국민학교와 분위기가 다른 점이다.

 보통 2학년 때 가는 수학여행은 학교 운동장에 모여 열병을 하듯이 떠나, 남겨진 아이들의 가슴에 못을 박아두는 초등학교 여행에 비해 중학교 때부터는 역에 집결하여 현지로 떠나서 그래도 못 가는 아이들에게 조금이나마 마음의 배려를 하는 것이다.
 그런데 학교에서는 평소와 다름이 없이 등교를 요구한다.
물론 수학여행을 떠났으니 남은 아이들만으로 수업진도를 나갈 수 없는 것은 당연하고 그런데 학교에 와서 자습을 하라는 것이다.
 교육의 목표가 공부라고만 생각하는 선생님들이나 학교가, 아이들의 마음을 헤아릴 리가 없다.
아마 이들은 수학여행도 학습이니 형평에서 못가는 사람들도 학습을 해야 한다는 논리일 것이다.

그리고 이들은 학습은 학교에서 자기들 보는 곳에서 하여야만 학습이라고 생각했던 것 같다.

 수학여행 기간에 학교에 나와서 교실에 있는 사람들은 당연히 수학여행을 가지 않은 사람들임은 누구나 알 수 있다.
그런데 그 사람들이 가지 않은 사람들이 아닌, 가지 못한 사람들도 있기 때문에 교실이 가슴 아픈 것이다.
그렇지 않아도 작은 것에도 열등감을 느낄 수 있는 예민한 시기에.
 세 학년이 함께 사용하는 건물에서, 남겨진 이학년을 흘깃거리며 가는 일학년, 삼학년들을 보면 심한 모멸감을 느낄 수밖에 없다.
그래서 교실창문은 모두 닫아버리고 평소 수업할 때보다 조용하고 착 가라앉은 분위기가 된다.
그러면 자습지도 선생님은, 평소에도 이런 학습태도로 공부해야 한다고 훈시한다.
불난데 기름을 붓는 거다.
아이들 보다 못난 어른들이었다.

 하지만 고등학교 때에는 분위기가 사뭇 다르다.
학교에 와서 자습해야 한다는 것은 철칙이지만, 교실에 남아서 공부하는 애들은 하나도 없다.
교실에 들어가라고 선생들은 닦달을 하지만,
남겨진 아이들은 전부 운동장에서 공을 차거나, 잔디밭에 앉아서 놀거나, 뒷담장 양지쪽에 기대어 담배를 피우며 음담패설 놀이를 한다.
 선생님들도 제지하다가 모른 척하고 그냥 둔다.
아니 아마 그냥두지 않으면 자기들이 곤욕을 치르리라는 것을 감지하기 때문이다.

어차피 조용한 중학교 교실이나. 음담패설하다 심심해지면 공 차러 가는 것이나.
결국은 스스로가 가난하다는 사실을 느끼며 가슴에 분노가 쌓인다는 것은 어차피 같은 것이었으니까.

고등학교

나는 수학여행 이라는 이 글을 쓰면서 새로운 사실을 깨닫고 있다.
우리가 자라고 있었다는 것이다.
아무렇지도 않은 늘 반복되는 학교생활이었지만, 우리는 스스로 자라고 있었던 것이다.

고등학교 수학여행이었다.
중학교 때는 경주였고, 고등학교 때는 드디어 제주도로.. 여행지가 국내에서 해외로 진출하기 시작하였던 것 같다.
 학교에서 수학여행 희망자를 조사하고 있었다.
가난한, 상당히 많은 아이들이 이번 여행은 갈등을 하고 있었다.
그만큼 매력적이었는데, 또 그만큼 경비도 많이 든다는 의미이다.
 지금 같으면 나 같은 사람은 예외이지만, 제주도쯤은 전주보다 가까운 거리가 되었다.
군산비행장에서 비행기가 제주도에 가기 때문에, 전주에 가기보다도 더 수월한 거리이다.
그러나 그때에는 배를 타고 가야하기 때문에, 더욱 먼 곳으로 느껴질 뿐 아니라 그 정취도 멋졌기 때문이다.
육지 밖으로 나가는 여행이라 매력적이지만 그만큼 경비가 더 들기 때문에 갈등이 심할 수밖에 없었다.
 예쁜 꽃에는 가시가 있었나?
나는 물론 아예 꿈도 꾸지 않고 있었는데,
갑자기 짝인 석완이가 수학여행 어쩔 거냐고 묻는다.
나는 물론 돈도 없지만, 다른 애들에게 불편하게 하기 싫다고 하였다.

석완이도 시골에 사는 촌놈이고 수학여행 간다고 나댈 성격이 아닌데, 이번만은 입맛이 당기는가 보았다.
 그때 그 당시에 제주도는 그만큼 우리에게 매력적이고 호기심의 섬나라여서, 신혼여행지로 각광을 받던 때라 제조원이 허니문 베이비인 제주도인 사람들이 많았었다.
그러니 매력적일 수밖에!

 지금 생각해보면 평생 신혼여행을 안갈 것 같았으면, 나도 그때 무리해서라도 제주도 수학여행을 다녀올 걸 그랬나보다. ㅎㅎ
하기야 나는 그보다 훨씬 어렸을 때부터 신혼여행은 내 머리에서 지우고 살았으니까!
나는 독신주의자였지만, 연애주의자이기는 했었다. ㅎ
아무튼 석완이는 나를 자꾸 부추기며 자기하고 함께 가면 자기가 나를 돌보겠다고 성화를 부렸다.
그러면 그럴수록 나는 더더욱 갈 리가 만무한데!
그래서 그 애는 수학여행의 유혹을 벗어나지 못하고 여행을 떠났다.

 해외의 장도 원정에서 돌아온 다음 날,
 "재미있대?" 물었더니
 "아니 괜히 갔어. 관광객들만 많아서 시끄럽고,." 그런다.
나를 위로하기 위해서 하는 말 일거다.
 그러면서 가방에서 무언가를 꺼내 슬쩍 내게 밀어놓는다.
 "뭐야?"
 "응, 여행선물!"
 "미친 놈, 신혼여행 다녀왔냐?
수학여행 다녀오면서 뭘 대단하다고 선물은?

네 용돈도 없었잖아?"
"용돈도 필요 없더라.
전부 기념품장사들 뿐이라
이거 하나 샀다!"
하면서 볼펜 세트를 내놓았다.
물론 제주도 관광 기념 이라고 씌여진 것을.
석자루가 세트였다.
그래서 한 자루는 저한테 주면서 "선물이니까 내가 두 자루 가지고 한 자루는 너 가져!" 하면서 주었더니 빙그레 웃으며 받아갔다.

 지금 생각하면 수학여행의 풍경이, 바로 우리들의 자라는 모습이었던 것 같다.
국민학교 때는, 떠날 때 신이 나서 남겨지는 아이들은 안중에도 없던 아이들이,
중학교 때는 오히려 말 수가 적어지고 담장에 기대 해바라기나 하다가 공이나 힘껏 내지르고,
고등학교에 와서는 짝꿍 여행선물을 사다주고!
이게 우리의 자라가는 모습이었던 것 같다.
 그런데도 더 자라지 않는 모습이 있었으니 교육이었다.
역시 고등학교 때에도 수학여행 못 가는 아이들은 자습하러 학교에 나갔으니까! 그리고 학교에서 놀았으니까.
그러던 석완이는 이제는 영원히 더 먼 나라로 수학여행을 떠났다.
학교를 퇴직하더니 갈 데가 없었나 하늘로 가버렸다.
내가 조금 늦게 가더라도 짝꿍을 해 주려나!
 수학여행은 우리의 자라는 모습이었다.

대학교

 친구들이 졸업반이어서 취직시험 공부를 하느라 정신이 없을 때,
나는 후레시맨 이었다.
쉬어터진 후레시맨 이었던 것이다.
 그렇다고 남들처럼 등록금이라도 마련해놓고 부모님들 보탬을 받지 않기 위해서 일하느라고 늦었던 것은 아니다.
그랬다면 효자 소리를 들었을 것이다.
술 마시고 노름하고 날라리 하느라고 이제야 대학에 들어온 것이다.
놀아보니 재미도 없고, 할 일이 없어 대학에 들어갔다.
그래도 후레시 하다고 후레시맨인 것이다.

 고등학교를 졸업하고, 대학입학 면접에서 계속 입학거부를 당하니 할 일이 없었다.
그 이름만 적어도 되는 5급 공무원도 될 수 없었다.
정말 할 일이라고는, 사회친구들과 어울려 그 애들이 대주는 돈으로 노름하고, 딴 돈으로 그들과 함께 술집이나 전전하며 사는 것밖에 할 일이 없었다.
 그렇게 보내다 정말 할 일이 없이 방황하다가, 그래도 받아주겠다는 대학이 있어 대학에 입학을 했다.
학교교정에서는 ROTC단복을 입은 고등학교 후배들의 경례를 받으며!
그러니 우리 과 동기들은 내 정체를 궁금해 하였다.
 그래도 대학이라고 들어오니, 사회친구들이 발을 끊어주어 노름하러 갈 필요는 없어졌지만 그 대신 공술은 없어졌다. ㅎㅎ
인간사 새옹지마라 했던가? ㅎㅎ

아무튼 남들처럼 일학년은 놀면서, 학교를 계속 다녀야 할 것인지 고민을 하면서 보내고...
입학당시 학교와 약속했던 수술을 겨울방학에 하고 휴학을 하였다.
복학하였으나 할 일이 없는 것은 밖에 있을 때나 마찬가지였지만 그래도 법대생인데 고시공부라도 해봐야 폼이라도 날것이 아닌가?
청운의 꿈은 접은 지 오래이지만, 그래도 소위 고시지망생들만 공부하는 특수열람실에 입실하였다.
 그동안 엉망으로 산 기억들만 추억으로 남아있고, 이미 술과 담배로 찌들어버린 머리가 제대로 회전이 될 리가 없었다.
역시 학교도 재미가 없고 아무런 희망이 보이지 않을 때, 나 혼자 아무도 모르는 곳으로 떠나 모종의 결행을 하고자 했으나 인명은 재천인가? 그런가 보더라!

 새벽 예불소리를 들으며 그동안 한 마디의 말씀도 없으시던 주지스님의 "이제 아셨습니까? 그래서 고해라 하지요. 이제는 다시 올라오지 마십시오." 하는 첫 말씀을 들으며 내려왔다.
먼 여행, 영원한 여행으로의 출발점에서 돌아온 귀로였다.
다시는 그런 생각 안하기로 내 자신과 맹세한 것이 일주일 동안의 산방에서 얻은 공부였다.
내려와 책을 보았지만 이미 허사였다.
보는 족족 낙방이고!
물론 죽을 각오만으로는 공부는 되는 것이 아니더라.
그런 각오도 버리고, 그저 막연히 진실하게 살기로 결심 했고 또 천성이 그러니 그 약속은 노력하지 않아도 스스로 이루어져 진실하게 살았다.

데모의 연속으로 최루탄의 메케한 연기 속에, 세상엔 권력을 가진 놈과 돈을 가진 놈과 빈 불알만 가진 분들로 나뉜 세상이었다.
그 가진 쪽에 붙는 방법이, 목숨 걸고 몇 차례 고문당하며 소위 민주화의 선봉이 되든지, 아니면 고시라도 합격하여 어사화를 꽂아 장가 잘 가든지!
아무튼 내 눈에 보이는 세상은 그랬었다.
 그 어느 부류에도 낄 수가 없던 무능아는 그렇게 졸업여행을 떠났다.
그 당시는 대학 졸업여행도 신혼여행지로 각광받던 제주도이면 최상급이었다.
요즘처럼 가까운 동남아라도! ㅎㅎ
하기야 오십 살이 넘어 들어간 야간 전문대학에서는, 벌써 졸업여행이 외국이었으니까.
나는 참 오랫동안 학생이었던 것이고, 그래서 졸업여행과 수학여행도 한 번 더 겪었다.
 나는 졸업여행비가 아까워 그 돈으로 홀로 한려수도로 떠났다.
부산에서 여수로, 여수에서 구례로, 구례에서 남원으로..
계획을 하고 영자의 전성시대에, 남들은 흔하던 영자도 없이 여행을 떠나 스케줄대로 여수에 도착했다.

거기서 나는 역사적 졸업여행의 여정을 마쳐야 했다. 나머지 계획은 반납하고.
아침에 나오는 모든 소리는 장송곡이었다.
무슨 일이 생겼구나! 하고 짐작은 했지만, 분위기만 음산한 공동묘지일뿐 알 길이 없었다.
등에 싸늘한 기운만 흘렀다.
그렇게도 충견들을 기르던 견주가 개들보다 먼저 죽었다.

자기가 기르던 개에게 물렸다.
아! 나라가 투견장이 되겠구나.
어떤 개가 아구빡이 젤 셀까?
호기심의 퀴즈를 혼자 풀며 역사적 수학여행에서 중도 귀향하였다.
역시 수학여행 운이 없었던 거다!
10. 26이었다.
그래서 대학을 더 다니면 모를까 학창시절의 수학여행은 이것으로 종지부를 찍었다.
 그런데 뜻하지 않은 하늘로 여행을 떠나게 되었다. 물론 수학여행은 아니었지만...

나는 하늘 바로 밑까지 갔다!

 하늘을 날며 내려다보는 땅의 모습은 어떨까?
얼마나 넓고 얼마나 평화로울까?
아이들과 같은 질문을 한다면 어떨까?
하늘을 날아보지 못하여 그 의문은 아직까지 풀어보지 못했고 그 해답을 얻을 수 있을 때가 언제가 되려는지는 모르지만?
 친구가 하늘을 날면서 보내준 사진속의 구름모습도 보았고, 조카들이 멀리가면서 보내준 내려다보는 땅의 사진은 보았지만, 나는 그 경이로운 모습을 내 눈으로는 한 번도 본적은 없었다.
하지만 위로 올라가면 갈수록 더 오르고 싶어 할 것 같은 욕심을 이해할 수 있는 체험을 오늘 하였다.
 히말라야를 오르며 "산이 있어 산을 오른다."는 말의 감정과, 행글라이더를 타면 무섭고 위험함을 넘어 부드럽고 상쾌함에 중독된다는 사람들의 기분을 알 수 있을 것 같았다.

 오늘 내가 태어나 가장 하늘하고 가까운 곳에 올라가 보았다.
이것이 나의 경험으로는 가장 높이, 가장 멀리 볼 수 있는 하늘의 최고의 가장자리였다.
 10시 반에 전주를 출발하였다.
페이스 북의 친구로 우연히 알게 된, 전북문화예술협동조합의 이사장인 강동암 선생과 전 장애인 협회장인 조영민 선생을 만나 지리산으로 떠났다.
 예전에 친구와 함께, 지리산속에 살고 있는 후배들과 지인들을 보기위해서 다녀온 적은 있어서 그때 산속에 통나무집을 짓고 사는 후배 집 마당의 모정에서 내려다보았던 뱀처럼 구불거리는 신작로들이 다시 오버랩이 되어 기대되는 마음이 살짝 흥분되어왔다.
 이번에 가는 여정은 정확히는 알 수가 없지만, 지리산을 알고 있는 강 선생이 손수 자기 차로 안내하기로 하셔서 그냥 따라 오르기만 하면 되었다.
 생활 레크레이션을 지도하는 사회봉사를 하며 페이스 북에서 우연히 알게 된 강 선생으로부터 지리산에 가자고 제의가 왔을 때, 처음에는 미안하기도 하여 내심 좋기는 하였지만 잠시 머뭇거렸다.
하지만 자기 지인이 나와 같은 네 발을 가지신 처지의 분이 계신다며.. 동행을 하면 어떨 런지 물어보실 때 흔쾌히 수고 좀 해 주시기를 부탁했다. 그분이 조영민 선생이었다.
 함께 동승해 출발하며 가는 길에 자연스럽게 내가 형이 되었고, 스스럼없이 넉살좋은 조 선생 덕에 자속 정담은 진실을 실어 언제 도착한 건지 모르게 구례에 접어들었다.
 산에 오르기 전에 미리 식사를 하기로 하고, 강 선생이 잘 아는 것 같은 길가 식당에 들어갔다.
산에 가까운 작은 식당이라 소박한 나물류의 반찬으로 올갱이국 백반을 먹고, 산머루 효소차를 마시고 다시 출발을 하였다.
 진솔한 삶의 이야기와 60여년들을 살아오며 걸어온 인생여정 이야깃거리들이, 마치 오래 알고 지내던 친구들처럼 소재를 바꿔가며 목소리들조차 큰 사람 셋이 떠들며 웃으며 모르는 새에 산길로 접어들었다.
 포장이 잘된 길에서 갑자기 비포장으로 돌들이 깔린 좁은 길로 한없이 올라가며, 험한 그 길을 내려오는 사이클링 라이더들에게, 피해주기도 어려운 갓길로 양보하며 서로 인사들을 나누면서도 불편함이 없이 한참을 올라갔다.
 나는 대아리 저수지 드라이브 코스와 운장산을 넘어 운일암 반일암을 거쳐서 용담댐도 다녀보았고 보령댐 구불거리는 드라이브 길도 잘 다니지만, 이렇게 좁고 구불거리는 길은 처음이었으나 오르는 기분에 몸을 맡기고 강 선생의 운전솜씨를 느끼며 올라가니 너른 공간이 나왔다.
앞을 보니 아직 접혀서 펼치지 않은 행글라이더들이 있었고, 몇 명의 사람들이 활강채비를 하고 있는 중이었다.
우리의 첫 번째 목표지인 바로 행글라이더 활강장이었다.
아래를 내려 보니 작은 마을들이 보였고, 그 옆 숲속으로 난 오솔길이 지리산 영봉중의 하나인 형제봉으로 가는 등산로라 한다.
 그리고 이곳은 지명이 악양이며, 해발 천백 미터가 조금 넘는다는 것이다.
우리가 비틀비틀, 이리저리 틀며 올라온 길이 천 미터를 넘어 위로 올라 온 것이다.
예전의 그 후배의 집이 800고지라 하였으니, 그때보다 200미터 이상을 더 올라와서 나의 고지 등반기록을 경신한 순간인 것이다.
 오늘은 출발할 때부터, 어젯밤에 비가내린 덕분에 그동안 더웠던 것을 해소하기에 알맞은 이른 가을 날씨 같아서 덥지 않아 드라이브하기에 너무 좋은 날이었지만, 위로 올라오니 약간은 추위를 느낄 정도였으며 몇 방울의 빗방울도 비쳤다.
곧 빗방울은 멈추었지만 그래도 아직은 행글라이더를 비행하기에는 바람양이 적다고 준비만 하고 있는 중이었다.
 우리는 준비과정부터 볼 수가 있어서 오히려 행운이었다.
조금 기다렸더니 마치 우리가 여기까지 고생하며 올라왔으니 비행하는 것을 보고가라고 하는 듯이 적당한 바람이 불기 시작하였고 이제 되었다고 비행을 준비하였다.
몸에 로프를 고정하고 자세를 잡는가했더니, 곧 바로 떠오르기 시작하더니 바로 멀어져갔다. 한 마리의 날개를 활짝 편 새~~
바로 인간의 날고자하는 욕망을 멋지게 바람의 기류에 맡기며 날아가는 모습이 커다란 한 마리의 새…
옆에 있던 어떤 이이의 표현으로 한 마리의 나비 애벌레 같은 모습으로 시야에서 멀어지다 다시 가까이 오락가락하며 점점 시야에서 벗어나기 시작하였다.
이카로스의 전설이 저래서 만들어지겠구나 하는 생각이 들었고, 나도 이카로스가 되더라도 ~~~
생각을 접고 내려와, 저만큼 농무 속에 보이는 형제봉을 바라보며 숲속 오솔길을 잠시 걷다가 다시 나왔다.
 다음 행선지는 노고단이란다.
지리산이라고 하면 마치 대명사처럼 말하는 노고단을 저번에는 가보지를 못했는데, 주차장까지는 갈 수가 있다니 먼발치에서라도 볼 수가 있겠구나 생각하며 출발을 하였다.
내려가는 길은 한번 올라와서 그런지 수월한 것 같았지만, 운전을 하는 강 선생은 더 긴장이 되었을 것이다.
 노고단까지의 길은 완전 포장된 도로라 아무런 걸림이 없이 잘 왔다.
노고단 주차장에는 날씨가 흐려서 그런지 관광객도 많지를 않았고, 우리도 걸어서 오를 수도 없었기 때문에 주차장에서 노고단까지 왔다는 징표로 사진을 몇 장 찍고 내려왔다.
그래서 지리산의 표상 노고단은.. 아니 노고단 주차장은 내게는 별 감흥을 안겨주지 못했다.   그러나 다음 행선지인 정령치 주차장에 도착했을 때에는,
나는 저 아래로 보이는 깊은 골짝에서 빨치산이라 불리던 이름 없는 민초들의 움직임을 느낄 수가 있었다.
 아무런 의식의 훈련이나 사상의 굴레에 묶임도 없이 단지 배고픔과 억울함과 서러움의 굴레에서 벗어나기 위하여, 사상이나 이념의 놀이에 빠져있던 지도층들과는 달리 순수한 마음으로 산속에 들어갔던 이름 없는 빨치산들은...
그 골 어디, 어느 구석에선가는 그 뼈조차도 묻질 못하고 지금은 가루 되어 독수리 발에 붙어 이곳 정령치 주차장에 까지도 날아왔다 갔을 것

이다.

 정령치주차장에서 건너다 본 깊은 골짜기들, 태백산맥의 빨치산, 남부군의 빨치산들의 속삭임과 싸릿대 태우는 연기 없는 연기 속에서 그들의 사랑과 핏빛을 그 검게, 푸른 골짜기 속에서 볼 수 있을 것 같아 그곳을 떠나기가 싫었지만!
떠나면 돌아와야 하니 귀로에 접어들었다.
 예전에 들렀던 피아골, 달궁을 넘어 돌아,
화개장터를 통하여 섬진강 줄기를 따라 최 참판 댁을 스치고 돌아왔다. 토지의 최 참판 댁을 둘러보고 싶은 마음이 많았지만, 귀로가 바빠 이번에도 그냥 스쳐 지나왔다.
언제 여유 있는 날, 여유롭게 한번 다녀가기로 마음에 두고 전주로 돌아왔다.
 그렇게 역사의 한 장으로 우리에게 엄마의 품속을 내 준다는 지리산을 남들처럼 걸어 종주는 못했을망정 주마간산~~ 아니 주차간산 격으로나마 돌아오니..
나도 이제 역사의 반장정도, 아니면 한줄 정도라도 마음에 둘 수 있는 일을 했구나!
그리고 하늘 가까이까지도 가 보았구나! 하는 한결 가벼움이 있었지만,
 군산으로 돌아오는 내 차속에서는 무엇인가 무거움이 가득한 것 또한 사실이었다.
돌아온 저녁에는 막걸리 한 사발을 마시고 잠을 자고, 이제 정리하여
우연한 인연이 이렇게 내게 감성여행의 길을 만들어주고, 나의 정서를 깊이 이해하여 수고로움을 아끼지 않으신 강 선생과 동반자 조 선생께 다시 한 번 감사를 대신해 이 글을 올려 드린다.
고마웠습니다.
감사합니다.

드디어 하늘을 날았다.

 나는 그날 전에는 비행기를 타본 적이 없었다.
요즘처럼 옆집 드나들듯이 들랑거리며, 내가 경주에 가기보다도 더 쉽고 가깝게 비행기를 타는 시대에, 그때까지 비행기 내부가 어떻게 생겼는지도 알지 못했던 나는, 그런 것 모르면 어떠냐고 내 자신에게 오기를 부렸었다.
 요즘은 신혼여행을 예사로 외국으로 가던데..
신혼여행 갈 일도 없었고, 배타고 가던 제주도 수학여행도 안 갔으니 낭연히 비행기로 제주에도 못 가본 것이다.
 그런데 비행기를, 그것도 많은 사람들이 꿈꾸고, 할머니 무릎을 베고 꽁무니에 하얀 연기 줄을 그리며 하늘을 나는 수송기를 보고, 미국 가서 공부하여 박사가 되어 돌아 오라시던 할머니와의 약속은 언감생심이었던 미국에서 오라는 초대가 왔다.
그것도 일주일 동안의 모든 체재비를 부담해주겠다는 조건으로...
 미국 국가대표 태권도 선수단의 헤드코치인 친구로부터였다.
전화가 왔다.
미국에 행사가 있으니, 자기가 모든 체류비용을 부담하겠으니 참석해 달라고.
그런데 비행기도 타보지 못했을 뿐만 아니라 몸이 불편힌데 미국까지 가서 친구에게 폐를 끼치기가 미안해서 거절했다.
그랬더니 미국은 사회복지시스템이 잘 되어서 공항에 내리면서부터 모든 공적 서비스를 사회복지 안전 관계망에서 해결할 수 있으니 부담 없이 오라고 성화를 하였다.
결국은 많은 망설임 끝에 거절하고 말았다.

친구의 우정 어린 성의에 너무 미안했지만 폐가 될 것 같아 그렇게 결심한 것이다.

 그런데 결국은 비행기를 탔다. 제주도였다.
지리산을 함께 다녀왔던 전주의 강동암 선생과 박영근 사장과 동해안 여행을 떠났었다.
거제도를 거쳐 부산에서 동해안으로, 강릉, 정동진, 낙산사까지…
한때 관광가이드 겸 관광회사를 했던 박영근 사장의 손수운전으로…
당연히 동해안 여행도 처음이었고, 강릉 앞바다, 정동진 앞바다의 초겨울 파도소리가 지금도 귓가에 쟁쟁하다.
또 하나의 동해안 수학여행을 한 것이다.
 차속에서 친구의 미국초청 이야기를 하였더니 아우들이 다녀오시지 그랬느냐고 해서 내 맘속에 있는 이야기를 해버렸다.
그랬더니 아우들이 제주도부터 시작하자고 제주도 여행 날을 잡자고 성화를 대었다.
지금은 아주 친한 형, 아우로 지내는 사이가 된 아우들이 너무 고마워서 미안한 마음을 보태 그러기로 하고 말았다.

 동해안에서 돌아와 여독이 풀린 한 달쯤 후에 드디어 제주도로 떠났다.
난생처음 비행기를 타고….
 제주도 여행은 나 혼자 이미 계획하고 있었다.
그런데 문제는 비행기 타는 것의 번거로움도 있지만, 제주도에 가서 자유로운 이동이 가장 큰 문제점이었다.
내 차는 손으로 운전을 하는 장애인용이라서, 제주도나 어디든지 여행을 가면 차를 렌트를 하여야만 그곳에서 자유로운 이동을 할 수 있는데

내차를 가져갈 수 있지 않으면 여러 가지 곤란한 문제들이 생길 수밖에 없다.
 그렇다고 현지에서 모든 여행을 택시로 할 수는 없다.
그런데 렌트카 업체에 장애인용 렌트카는 구비되어 있지 않다.
그도 그럴 것이 장애인용자동차는 개인의 장애 부위와 정도에 따른 일종의 주문품이기 때문에 업체에서 모든 종류의 차를 구비해 둘 수는 없는 것이다.
이렇게 장애인들의 여행에는 제약이 많아서 장거리여행을 한다는 것이 쉬운 일이 아니다.
 따라서 전에도 제주도여행을 계획하고서 결혼을 하여 제주도에서 병원 원장 사모님으로 살고 있는 딸 같은 제자에게 연락을 하여 장애인차를 수배해보라고 했었다.
자기가 운전하여 관광하자고 했지만 어려운 일이라 그러지 말고 찾아보라고 했다.
 알아보니 공항근처 렌트업체에 나에게 적합한 것이 두 대가 있는데 사용료도 얼토당토하지 않게 비싸고 그것도 미리 예약을 하여야 하는데 쉽지 않다고 연락이 왔었다.
그러면서 자기가 예약을 해 줄 테니까 제주도에 오라는데 그것도 또한 폐를 끼치는 일이라 망서리고 있는 중이었다.
 자초지종을 말하니 아우들이 함께 제주도에 가서 차를 렌트해서 자기들이 운전을 해주겠다는 고마운 제의를 하였다.
그래서 제주도여행을 결행하게 된 것이다.
이러니 어떻게 미국에 갈 수가 있었겠는가.
미국에 가서 호텔에만 갇혀 있다가 올 수는 없는 것 아니겠는가.
이렇게 장애인들은 여행조차도 쉬운 일이 아닌 그림의 떡일 수밖에 없는 것이다.

아무튼 아우들의 고마운 배려로 제주도로 떠났다.
비행기를 타고, 아니 해외인 제주도로 난생 첫 여행을 떠난다고, 마치 우주여행이라도 가는 것처럼 광주공항에는 김용성목사 아우가 마중을 나와 계셨다.
이렇게 요란스럽게 제주도로 떠났고
 제주공항에 마중 나온 유리 덕분에 맛있는 것들도 먹고, 용돈도 두둑하게 호주머니에 넣어주어서 제주도의 여행은 물심양면으로 넉넉하였다.
난생처음 구름 위를 나르며 하늘에 뻗어있는 석양빛을 보면서 아래 세상을 보는 마음은 신기하기보다는 착잡하였던 것이 사실이었다.
 항공사의 많은 배려와 아우들의 보살핌과 나의 딸인 제자의 덕택으로 그렇게 제주 수학여행을 잘 다녀왔다.
늘 학생이었던 나는 결국은 지리산과 동해안과 제주도까지 노인백수 대학생이 되어서야 기막힌 수학여행을 하게 되었던 것이다.
 여기에서 고마운 우리 아우님들 그리고 내 따님께, 나의 꿈 한 자락을 풀게 해주어서 너무 고맙다는 인사를 하지 않을 수 없다.
영근아, 동암아 그리고 유리야 고맙다.

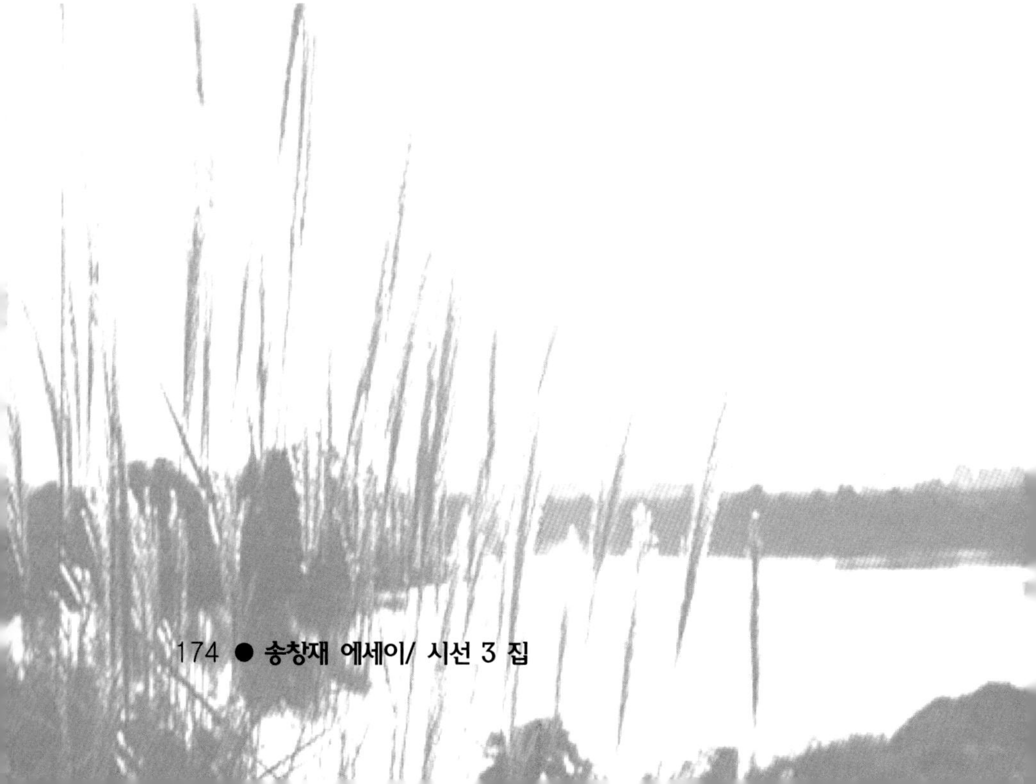

제5부
외로움

가난한 아내

내 아내는 오늘 밤도
사우나 마담이 되어 파김치가 되었다.
뜨거운 증기 속에 푹 익은 파김치가.

팔자 좋아
매일처럼 스팀에 거무스름하게 푹 익은
5층 건물주 여편네보다

바빠서
야들야들 덜 익혀 매끈한 피부미인
누구하나 부럽지 않다며

사우나 밤 청소에서 돌아오는
밤늦은 새벽녘에
두 겹으로 둘러 쓴 겨울 스카프 속은
더운 눈물이 가득하다.

내 사랑하는 아내는 미인이다
이 세상에 둘도 없는 미인이다
그래서 죽도록 더 미안하다.

가을을 듣다.

깊은 밤 소리 낮춰
슬퍼 우는 모습은
차라리 몸부림이었다.

간신히 매달린 가을을 지키려고 안간힘이다.
톡 스르르 똑 놓쳐버렸다.
아니 회한을 놓아버린 거다.
아무도 모르게
누구도 들을 수 없게

고요히 스러져 가벼운 허물로
그리던 품에서 깊이 쉬려했는데
내 몸부림의 절규가 아쉬웠나 보다.

아니었는데.
나 그 소리를 듣고 있었다.

누군가가
뜨거운 눈물을
소리죽여 함께 뱉고 있었다.

그렇게 가을엔
한 잎만 남겨져 있었다.

굽은 나무

순득이할배 용칠이는
붕알 친구다.

이 녀석은
알랑 들롱보다 더 멋진 녀석이어서
함께 다니기 싫다.
내가 늘 찬밥이기 때문이다.

길가는 여자 애들이 그 녀석만 쳐다본다.

좀 커서는 함께 다녔다.
용칠이 덕에
나도 함께 덤으로 바라보니 좋아서

더 커서는
떼어놓고 다녔다.

더 크고
긴 흰 지팡이를 짚더니
저 혼자 다닌다고
놔 두란다.
내가 차인거다.

그렇게 한참 안 보이더니
어느 가을에
하얀 남방에 하얀 운동화에
여전히 흰 지팡이를 짚고는
허연 얼굴로
멋지게 나타났다.

저보다 못 생긴 어떤 아가씨와 함께.
눈도 없지 자식!
어찌 그런 추녀를, 으이구!
안 보이니 볼 수가 있나.
만져보면 손끝으로 알 수 있다고 하더니.
뻥 깠구나 나한테.

그런데
글로리아 성가 노래하는 목소리는 끝내준다.
정말 멋진 목소리 미녀였다.
가슴 속을 알고 있다는 듯한.
그래서 반했구나!
네 속을 알아주니.
축하한다.

멋진 아들 딸
지 애비, 어미 섞어 닮았다.

이마에 주름앉아
이제 겨우 일병인　용칠이하고 나는 고향지킴이다.

굽은 나무가
선산 지킨다나 어쩐다나

돈 벌고 긴 공일에
명절 핑계로
고향 찾아오는 백수 놈들
막걸리나 한 사발씩
곰보 영희할매네 주막에서
퍼 마시게 해야겠다.

선산 지키는 굽은 나무들이
지켜주고 들어 줘야지.

밤 부엉이 우는 밤

밤 부엉이가 운다.
된서리가 오는가 보다.
동그란 눈처럼 소리 없는 몸짓으로 내게 말한다.

아침지붕 작은 종박에
하얀 무서리가 앉았어도
간밤엔 부엉이가 울지 않더니
이제는 된서리가 내리려니 보다.

알았으니 이제 가거라.
잠 못 들어 심란한 밤,
너까지 거들 필요야 있겠느냐.
낼 아침 마당가에
함초롬한 소국의 향내를 보면
눈 올 날이 언제인지 알 수 있으니
된서리 앞세워 눈 소식 알렸으면 이제 가려무나.

꽃송이 아까워 꽃차를 미뤄두었으나,
올 추억 슬픈 얘기
모두 꺾어 모아
겨울얘기라도 만들어 볼까보다.

마지막 열차가 떠난 후

하루 종일 작은 가랑비는 쉼 없이 촉촉하게 내린다.

비를 흠씬 맞으며
열두시 오 분의 막차는 도착했다.

텅 빈 플랫폼에 가랑비처럼
을씨년스럽게 졸리는 안내 목소리는
가는 이와
오는 이의 만남을 전한다.

몇 시에 어디서 왔는지
비 맞은 생쥐가 된 심야 열차는
어디서
오다가다 탔는지 모를 열 명의 손님을 토해 놓고
육중한 레일 위를
말리지도 못한 채
무겁게 굴러 나간다.

아까부터 주차장 옆에서 우산을 쓰고 기다리던 아가씨는
비 오는 일요일 한밤중에
하얀 와이셔츠를 차려입은 사내를 반갑게 맞이한다.

모두가
주차장에서 주인을 기다리는 제 차를 찾아 떠나는데.

한 사내는 우산도 없이
어깨에 걸친 가방이 비 맞아 무거운 듯
축 쳐져 메고 빗속을 떠나간다.

내 차속엔
아침에 떠날 첫차를 기다리며
울다 지친 내 사랑도
내일을 위해 졸고 있다.

막차가 떠나고
온 광장의 불이 모두 꺼지고
멀리 짓다만 아파트의
불빛만이 외롭다

그렇구나
이렇게 떠나는구나!
이젠 아침 여섯시 십칠 분을
뜨는 해와 함께 기다리자.

그러면
운명의 첫차가 또 떠나고
하루 오감이
삶의 낯 설음이란 레일 위를 구를 것이다

앞 차창에 이슬비가
무겁게 내려 흐른다.

소

웃는다.
소가
하늘보고 길게 웃는다.
배냇웃음을 웃는다.

구름 속 먼 데서
고향을 보았고
엄마, 아빠, 친구들을 보면서
배냇짓을 한다.

여름 하늘
참나무 그늘 밑에서
쓰르라미 소리에 파묻혀
풍뎅이 데리고
앞마당을 쓸라면서 재미있게 웃는다.

올 봄 영감 따라
사래 긴 논 갈아엎고
자갈 밭 발굽 닿아 군살이 박혔어도
짧은 장마 익는 나락
여물 한 되빡에 바람이 시원타.

등메고 목메었던
멍에, 달랑이 벗어두고
그늘막 뭉게구름
여름은 역시 하늘이여.

엄마생각 아빠생각 추렁추렁 워낭소리
아빠소리 귓가에 그득하다.

딸랑거리며 코뚜레 묶어 메깥 넘던 아빠 따라
감자만한 자갈밭을
이랴 끌끌 워낭소리 정겹고

우두커니 듣는 엄마
여물 한 입 가득 물고
우물우물 먼데를 본다.

배냇짓 그 고향이 그리워
오리목나무 그늘에서
빈 혀 감는 어른 배냇짓으로
볼우물이 오물거린다.

보리가 익을 즈음

보릿대 꺾어 불며
피울음 울던 시인은,

들리는..
맑은 아이소리 잊으려
다시
큰 보릿대를 꺾어 분다.

더 큰 소리로
웃는 아이 잊으려,
보리바람 속으로 기어 들어간다.

까시락 등에 베고,
날 파리
썩은 손등 다 파먹어도,

보리피리 하나 들고
그 소리에 문둥이 춤을 춘다.

굵은 대궁
꺾고 꺾어
바랑에 가득지고,

해 더운 황토 길을
절룩절룩 걸어갈 때.

어느 새
늦은 봄날 종달새는 깝죽대며
제가 새끼인양 조잘대며 앞서 간다

보리밭에 문둥이는
보리밭에 살면서,
종다리 새끼를 낳았나 보다.

얘야,
종달아,

황톳길
저 고개까지만 함께 넘자.
저 곳엔 새 보리밭이 또 있을 거야.
생 보리
한줌 훑어 꺼럭 불어 털어 넣고
우물우물,

대궁이 피리불면
아이소리 들린다.

순대국밥

뜨거운 순대국밥
한 투가리를
후후 불며 그렇게 먹고 떠나갔다.

뜨거운 것을 잘 먹어
인덕이 있어서 좋겠다고 했는데,
그것이 거짓말인 것을
알아가면서
혼자서!

배고프다며
그렇게
눈물이 흘러내리는 뜨거운 밥을
낯선 곳에서 혼자서

너에게는 제일 좋은 것만 먹이겠다고 말하고는

나는 못 먹어도
너는 꼭 먹게 하겠다고!
그랬는데

네가 싫어하는 순대국밥을
그날 아침에

눈물과 함께
혼자서!

나는 기다리는 차속에서
너무 애처로워서
너무 슬퍼서
너무 미안해서

너무 사랑해서

제발
너를 찾아달라고 기도하면서

펑펑 울었다
너 볼 수 없도록!

시인의 아내

초저녁 시 쓰는
시인의 아내는

뱃속에 무엇이 사는지
치킨 불러 먹자 칭얼거리던 귀여운 아내는

모르는 척
눈 감고 시상을 떠올리는 글쟁이를 재촉하다

내일 열시에
관리비를 내야한다는 관리사무소 스피커 소리에

그냥 초저녁잠이 들었습니다.
저녁에 치킨 먹으면 살쪄
혼잣말을 하면서

아직도 잠 못 자며
시를 짜내는 삼류 글쟁이

쌔근쌔근
곤한 잠 소리에
치킨을 잊어버리고
글쟁이 서방의 예쁜 시상을
대신 꿈꿔 줍니다.

병아리를 깬 암탉이었습니다.
벌거벗은 치킨대신
노랑 예쁜 병아리였습니다.

노랑 미소를 지으며
꿈꾸는 아내는
틀림없는
글쟁이의 아내입니다.

이름

제 이름도 잊고
엄마라는 이름으로만 산 사람에게는,

이름이 불려진지
너무 오래여서
이름이 없었다.

호랑이가 아니어서 멋진 가죽을 남길 수가 없었고.

줄 것도 없다고
그저 말없이 양 볼에
더위도 식은
눈물만 남겼다.

그 많던 더운 눈물은
슬픈 눈 속에 그렁거리며

셀 수 없이
갈갈이 가슴 찢던
고통의 회한에 눈 감고

오월 철쭉꽃 만발한
양지 언덕 위에서
하얀 날개를 펄럭이며 꽃 속으로 날아갔다.
나비의 허물만을 남기고.

끝내
식은 눈물조차 말리지도 못하고
아직도 추진 껍질만 남긴 채

날아가며 남긴 이름은
슬픈 꽃나비였다.

흔적

무엇이 그리 미안해
흔적 하나
남겨두지 않고

보고파서
먼발치에서라도
행여 그리워하면
보일까

행여라도
꿈길에서 나마
들을 수 있나,

웃음소리
온기 없어.
간 길 마저 가질 못하고

서성이다
그리운 모습만
그 자리에
그려 보았답니다.

그린 곳 못 찾아
텅 빈 하늘에 그려보고
보고 만 왔지요.

해장국의 기억

해장국은 슬픈 추억이다.
한 그루의 콩나물은
머리에서 발끝까지 나의
이야기들을 품고 있다.

그 슬픈 기억들은
힘껏 소리내어 깨무는
깍두기에 스며들어
함께 씹혀간다.

너무 힘이 들었나
해장국을 먹으며
눈물이 난다.
빨리
얼큰한 국물을
소리내어 마신다.

한 그릇을 다 먹으면
다 잊어 주리라.
그런데!
양이 많다.

추억으로 가는 길

그 길은 모두가 추억이었다.
길을…,
나도 모르게 들어섰다.

화들짝 놀라 돌아 나오니
그 길도 놀라서   따라 나온다.   또 낙엽 구르는 추억의 길이다.

온통 가을엔 추억만이 있었다.
아니, 그때 이 길은 꽃길이었던가.

이렇게 많았나?
이렇게 살았나?

가슴에 부는 바람이 서러워 멀리 던지고 가버렸다.

그런데 말이다.
거기도 또 있었다.

어디로 가지?
아는 길은 이 길 밖에 없는데….

가을이 나만 따라온다.
좋은 가을이 싫다!

하얀 밤

밤이 늘
까만 것만은 아닙니다.

밤이 까맣다고 한 것은 눈을 감고 자면서
밤을 보았기 때문이랍니다.

밤은
하얗기도 합니다.
그 분은 저처럼 눈을 뜨고
밤을 보기 때문이지요.

오늘 밤처럼
보름달이 반달이 되어
반절 못 미친
열여드레 쯤 되면

이지러지는 달 속에
자꾸 지워져가는 얼굴이 있어
지우지 않으려 애써
달밤이 하얀 밤인 것을 알 수 있답니다.

이제 더 하얀 밤을 보려거든
한 달이라도 기다려야 합니다.

그 한 달이 너무 멀어
검은 밤에 하얀 밤을 기다리지요.

손가락 열개가 모자랄 때쯤이면
한 달은
손가락만큼만 기다리면 좋겠다고 생각합니다.
열 밤만 세면
또 한 달이 될 수 있는 까닭이지요.

그래도 겨우 열두 번
그렇게 밤은 낮 되어 하얗게 변할 지라도
겨우 열 두 번이면 또 일 년 늙어갑니다.

하얀 밤을 검정 속으로 태우며
오늘 밤도 나처럼 밝히시는 분들이 계실 겁니다.

이제 그 달마저도 서녘에 걸려
샛별이 더 밝아 보입니다.

이제는 동쪽 하늘에 해가 뜹니다.
이렇게 밤은 하얗습니다.
밤이 늘 검은 것만은 아니랍니다,
달이 져 가는 하얀 밤은 더 외롭습니다.

가을밤입니다.

늦가을 하얀 밤에는
기러기 따라 함께 오는
그 얼굴이 더욱 맑습니다.
그래서 하얀 밤을 밝히나 봅니다.

창가에서 시를 쓰다

네게 보이려 쓰는 이 시는
J
네게 가지 못 하고
허공을 떠도는 독백이리라.
꽃길이 예쁘다 말들 하여 나선 길이라!

꽃이 너무 좋으면 슬퍼서 어떡하지
걱성 하고 시골 길로 들어서니 피지 않은 꽃이라도 보겠다는 사람들이 가득하다.
아무래도 산수유를 보러갔는지 너는 보이지 않고
산수유는 지고 복사꽃을 보러 갔나 너는 없다.
다행이다
여기는 복사꽃이 없어서
그래도 복사꽃이라도 피었으면
너를 발치에서라도 보련만 내 심사는 아직 덜 핀 벚꽃인가 보다.

카페에는
아드린나르를 위한 발라드의 피아노 선율이
잔잔히 흐르고
창밖엔 노란 수선화가 함초롬하다.

재즈를 들으며

불 꺼진 창가에 앉아
재즈를 들으면
눈물이 난다.

깊은 저속에서 묵직하게 올라오는
몸속의 노래는,

숨겨둔
네 영혼의 자락을 잡아
슬픈
나에게 얹는다.

무엇이 거기에 있었던 가
잊었던 것이 무엇이었던 가

끌어
울리는 무거운 연주에

네 속에 숨겨졌던 것이
저렇게 무거웠던가.
너의 슬픔에
나의 그리움을 더 한다.

불 꺼진 창이 무서워서가 아니다.

암흑 속에서 너를 보고,
재즈를 좋아하는
그 사람이 그리워
그 녀를 사랑한다.

모르는
그 슬픔의 무게를
내 무게에 실어
뜨겁게 눈물이 난다.

너도 그렇게 울어버리고
재즈를 들어라.
늘 그렇듯이 불 꺼진 골목을 내려 보며
울어서 버려라.

무게를,
삶의 무게를
울어
버리면 맑아진단다.

어둠속에
재즈가 무겁게 흐른다.
불 꺼진 온 방 가득하게!

카타르시스다!

어둠속의 재즈는!
보이기 싫은 눈물이다.

죽음에 이르는 병

사랑은 열여덟의 병일까.

붉은 열이
온 대지를 덥히며
뜨거운 마그마가
치솟아 불기둥을 만든다.

용광로 속 쇳물은 대지를 녹여
바다로 흘러 뜨겁게
고래도 사랑하고 새우도
껴안는다.

식어
차갑게 식어
예순 여덟이 되면
온통
하늘의 눈보라를 보면서도
봄날 꽃 보라를 기다린다.

가녀린 봄비 오는 날

창가에 앉아
지는 꽃을 그리워하며 사랑을 본다.

온유한 보드라움으로

용광로의 불을 끄며
서서히
납괴가 되어가는
그 때의 불덩어리는

마지막 잔불을 피워
온갖
아름다움을 사랑하며
꽃 핏속에 대지와 함께
젖어 녹는다.

아, 사랑이여.
너 그리 가느냐?

사랑은
죽음의 마지막 자연이다.

집시의 사랑

내 꿈속의 사랑은

시집 두어 권
속옷 두어 벌,
작은 가방 둘러메고,

큰 컵에
따순 커피 가득 넣고,
먼지 나는 황톳길을
손 꼭 잡고 끝없이 걸어간다.

너른 논 가
누런 볏모가지
쑥 하나 뽑아들고,
해 나락 한 알씩 벗겨 씹으며
들길을 간다.

한들거리는 꽃 숲으로
끝없이 걷다가,
길가에 앉아
에메랄드빛 하늘 보며
까르르 까르르 한바탕 웃는다.

창백한 보헤미언은
휘파람 잘 내는
멋진 집시이면 더 좋다.

자유와 진리와 사랑을 찾아
가진 것과 꾸민 것
위선을 버리고,
영원한
꿈의 노스탤지어를 찾아,

자유롭게 사랑하고
철없는 아이
마냥 까분덕 대며
좋은 이의 손을 놓지 않고
영원히 떠나는 보헤미언이다.

흔들흔들 꺼덕꺼덕
두렵지 않다.
떠나면 그만이다.

사랑에 셈 있으랴
사랑에 흉 있으랴.
찾아 떠나는 사랑은
그런 것이다.

가을 집시의
맑은 사랑이다.

작은 어깨.

삼백예순날
나 돌아설 때는
늘 다시 돌아서고 싶었다.

둘러맨 가방하나 보이고 멀어가는 뒷모습을 쫓으며
다시 돌아서고 싶었다.

그날이
삼백예순날 이었다 해도.

이제
삼천 육백 날
보이지 않는 가냘픈
등어리가 보기 싫어
너를 그렇게 돌려 세웠다.

돌아서 가는 너를
다시 돌렸으면 했지만
아직
다시 돌릴 사랑의 힘이 없다.
아직은 그냥 간직만 하련다.

사랑을 아끼련다.
돌아 세우지 않겠다.
돌아서지도 않으련다.

이제 돌아서는 사랑은 하지 않으련다.
이제는 돌아 세우는 사랑을
할 때까지는
결코 하지 않으련다.

잠 안 오는 밤

잠이 안 오는 밤에는
여덟 바퀴를 돈다.
동서남북
동서남북
행여 방위가 수맥에 누웠나
머리하고 발하고 바꾸었다.

아파트 삼층이면 수맥도 없고
더구나 매트리스 두 장 포갠
높은 더블침대엔
동서남북도 넉넉하여 수맥이 있을 리가 없다.

이제는 방바닥에 내려와서 팔방을 돈다.
벌떡 일어나서

반주하다 남긴 쐬주를 청국장에 말아서 마실까 찾다
두 스푼의 커피를 마신다.
한 스푼을 더 넣을 걸 그랬나 보다.

길 건너 러시안 색시들은 달러를 벌러
비행장 타운으로 갔나 보다.
불이 꺼져있다

돈 많이 벌어 행복하게 살아라
달러나 루불이나 돈이니까
그 애들 원룸 하늘 위에
늦 반달이 환하다.

내 방 옆구리에서
속 것만 입고 앉아 마시는 검정커피에는
노란 달이 두개 잠겼다,
보고 싶은 달이
잠이 안 오는 이유였다..

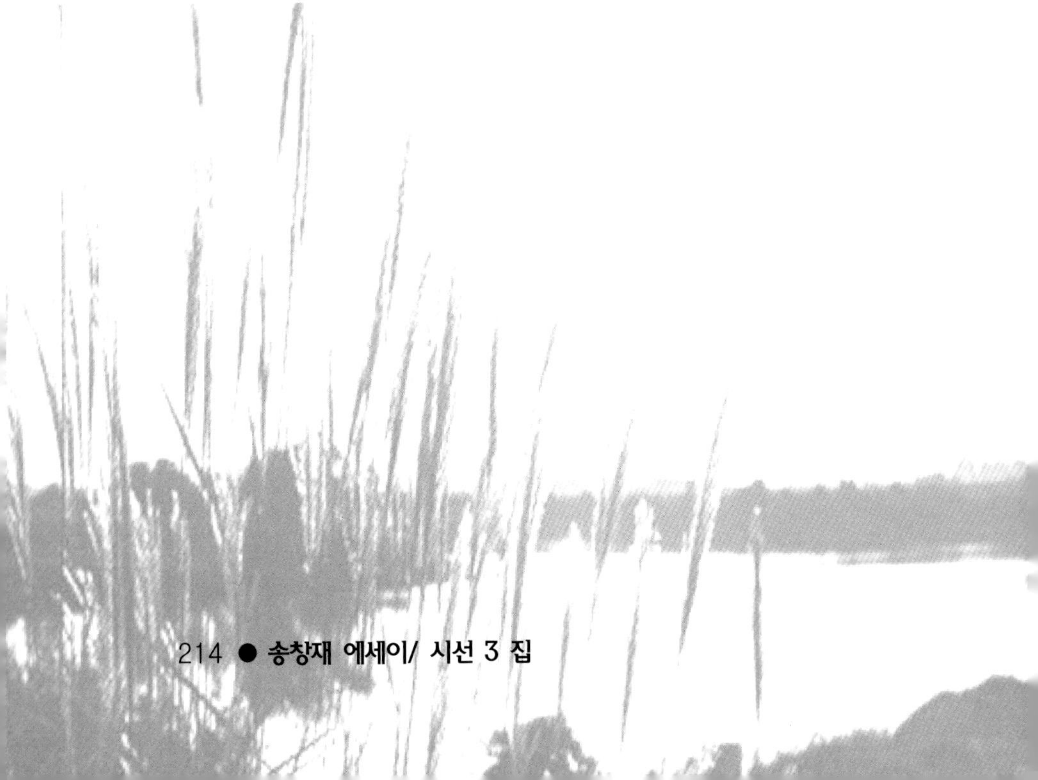

제6부
스승들과의 만남

국민학교

우리의 삶속에는 수많은 만남이 있다.
만남은 우리 생을 결정지어주는 최고의 것이 될 수도 있다.
불가에서는 인연이라는 단어로 함축하여 표현하는가 보다.
 처음 만나는 인연은 부모일 것이고, 다음은 형제일 것이고, 자라는 자연환경일 것이며, 또한 사랑하는 사람과 친구일 것이며 그리고 오가며 만나는 뭇 인연들 일 것이다.
이들은 모두가 우리에게는 그냥 스치는 것이 아닌 것이다.

 우리는 사람인 까닭에, 아무래도 사람과의 만남이 가장 소중하고 일생의 삶의 방향을 바꿔놓기도 한다.
이러한 여러 소중한 만남 중에 오늘은 선생님들, 특히 스승님이라 칭할 수 있는 분들과의 만남을 나의 경우를 비추어 생각해 보고자 한다.

 나는 선생과 스승을 다른 개념으로 구분한다.
학령이 되어 학교에 가면, 그 단계에 맞추어 지식을 전수하는 사람들은 선생이다.
물론 스승은 그 중에도 계시고, 선생이 아닌 다른 곳과 사람에게서도 찾을 수 있는 것이다. 선생들 중에는 단순히 자격증만을 갖고 가르친다는 것을 생업수단으로만 여기는 기술자들도 있고, 그것도 못 되는 미숙련의 기능공들도 있다.
 그러나 스승은 자격증의 유무나 숙련도의 숙달 정도에 달려있는 것이 아니고, 내가 생각하는 기준으로는 얼마나 참 인간다운 면모를 갖추고 있느냐 하는 데에 있다.

물론 모두는 자기 나름의 가치기준에 따라 구분할 수 있을 것이기 때문에, 나의 구별기준이 절대적 이라고는 강변하지 않으며 그러고 싶지도 않다.
그리고 그 스승이라는 분들의 모든 행동이나 사고가 언제 어디에서나 항상심이면 더욱 좋을 수 있겠지만, 그렇지 않을 수도 있기 때문에 나의 스승은 나의 주관적 생각일 수밖에 없을 것이고 다른 사람들은 다른 생각을 할 수도 있을 것이다.
따라서 상대에 대한 모든 가치판단은 많이 보고, 만나고, 이야기해보고, 생활을 해보아야 알 수 있는 것도 사실이다.
 그래서 우리가 접하게 되는 정치지도자들이나 종교지도자들에 대한 세간의 평가는 다를 수도 있는 것이다.
물론 노출되는 지도자라는 사람들은, 요즘시대에는 메스컴의 조작신전술을 충분히 활용하여 이미지를 고치는 작업을 하기 때문에 가까이에 있는 사람들의 평가도 천차만별일 수 있고 각자의 유, 불리에 따른 아부의 수단으로의 평가 시각도 있으니까.

 나는 이만큼 자랄 때까지 잊지 못하는 고마우신 스승님이 세 분이 계신다.
그분들께 지금까지 한 번도 나의 고마워하는 속내를 비친 적도 없었을 뿐만 아니라, 그분들 이라고 하면 내 주위의 친구들도 의아하게 생각들을 할 것이다.
왜냐하면 그분들은 소위 별 인기가 없었던 선생님들이셨기 때문이다.
쇼맨십도 없으셨을 뿐만 아니라 오히려 그 반대 분위기의 선생님들이셨기 때문이다.
그래도 나는 이분들을 스승님들이라 자랑할 수 있다.

우리 국민학교때는 전쟁 후 복구의 단계에 있는 나라의 어수선함과, 이에 편승한 수많은 부정부패가 나라의 모든 분야에 속속들이 젖어 있었던 때였다.
내가 아는 교육계도 예외는 절대로 아니었다.
그 당시의 부교재의 강매와 이에 따른 선생들의 서점으로부터 받는 커미션은 공공연한 사실이었다.
 예를 들면 어느 서점에 가서 어느 수련장을 사라고 하여, 서점에 가면 몇 학년 몇 반 이냐고 적는 것은 예사였다.
그에 따르는 비리는 내가 성인이 되어 아이들을 가르치며 몸소 인지한 사실로서 그 방법에 대하여는 이글의 말미에 적을 것이다.
 그리고 그 때에는 좋은 학교에 들어가기 위하여, 잘 사는 집 아이들은 지들끼리의 금수저 집단을 이루어 선생님들을 따라다니며 과외수업을 하였고 선생님들도 봉급보다도 더한 부 수입원이었다.
 저녁에는 여러 파트의 아이들을 가르치며 예상문제라는 핑계로 시험문제를 노출하는 것은 예사였고...

 이럴 때 나는 아주 가난한 집 자식으로, 하루에 한 끼라도 밥다운 밥을 먹으면 그날은 진수성찬을 먹은 날이었다.
그러니 학교에서 자주 사라는 수련장은 어떻게 해서라도 사주시려는 부모님의 교육열은 내 밑의 동생 세 명이 모두 학생이었으니 아침마다 줄 서서 손 벌리는 우리들을 감당하시기 어려우셨을 것이다. 이미 형님과 누나가 공부를 포기했지만.
전과야 내가 제일 맏이가 되었으니 내가 한권만 사면 내 것을 동생들이 물려받으면 되었지만, 수련장은 바로 그곳에 풀어가 검사를 받아야하기 때문에 물려 줄 수도 없는 것이다.
 그러니 "표준"이 좋으니 "동아"가 좋으니 하면서 두, 세권을 사서

풀어보는 있는 집 아이들은 그저 부러운 대상 일 수밖에 없고, 선생님 들한테 과외를 받는 아이들은 거기에서 푸는 문제집들이 또 달리 있었 으니 나와는 다른 세상의 별종들로만 보였다.
그래서 그때부터 나의 책에 대한 욕심이 생겨난 것 같다.

그런 어느 날 담임선생님이 나를 교무실로 오라고 부르셨다.
그때의 교무실은 혼나러 가는 곳이라 나는 무엇을 잘못 했나 걱정이 앞섰다.
"창재야, 너 오늘부터 선생님 집으로 과외 공부하러 와라."
"예?" 뜬금없는 말씀에 어리둥절할 수밖에 없었다.
우리 집 가정형편을 대충 아셔서, 학교에서 주는 옥수수 급식 빵을 두 개씩이나 타 먹는 줄 아시면서 뜬금없이 과외 수업비를 주어야하는 과외라니!
"너는 물론 과외수업을 안 해도 군중은 충분히 들어가지만, 그래도 다른 애들 많이 하니까 너도 해라."
"선생님, 그런데 돈이..."
"이따가 수업 끝나면 엄마 학교 오시지? 그러면 나를 좀 뵙고 가시라고 해라!"
그때부터 나는 엄마가 업어서 법원 옆에 사시는 선생님 댁으로 저녁에 공부를 하러갔다.
아무런 문제집도 없는 나에게 선생님은 서점에서 협찬으로 들어온 것이라며 여러 출판사의 문제집들과 전과들을 주셨다.
나는 갑자기 책 부자가 되었고, 며칠 후에는 아래 학년들인 동생들의 전과와 문제집들까지 얻어주셨다.
그런데 나는 엄마가 선생님께 드리라는 과외수업비 봉투에 과연 과외 수업비가 들어있을까 한 번도 의심해 보지도 않고 기일 안에 꼬박꼬박

봉투를 드렸다.
그렇게 한 삼개월여 엄마는 날이 더워지니 이제 선생님 댁까지 가기가 힘들다고 과외를 그만 두시자고 했다.

 그렇게 육학년이 끝나고 중학교 입학시험 예비소집일, 선생님이 누추한 우리 집에 오셔서 놀랐다.
 "아니, 선생님이 웬일로?"
엄마랑 계시는데서 말씀하셨다.
 "입학시험은 잘 볼 것이지만 체력장할 때 절대로 빠져서는 안 된다. 군중은 동점자들도 생길 텐데 체력장에 참가하여야만 기본점수라도 얻으니 창피하게 생각하지 말고 꼭 참석해야한다. 그것 부탁하러 왔다."
 "예, 선생님! 꼭 그렇게 하겠습니다."
 시험당일 오후에 라디오에서 전국 공동출제인 이번 시험의 정답이 발표되었다.
답안지에 답을 옮기고 가져온 시험지는 실과 17번 한 문제만 가위 표고 전부 동그라미였다.
공교롭게도 수험번호도 17번인데..
괜히 동생들이 좋아서 팔짝거렸다. 물론 부모님도 좋아하시고...
다음 날 체력장, 선생님과 약속은 하였지만 담장에 죽 둘러서서 구경하는 눈들이 너무 무서웠다.
17번! 부르는 소리에도 나갈 수가 없었고 다리는 더 후들거렸다.
그 다음, 그 다음...
눈이 녹은 땅이 질어 가마니를 깔아놓은 가마니트랙을 나보다 뒷 번호의 다른 아이들이 힘차게 달린다. 엄마목소리와 선생님이 부르는 소리에 나는 울면서 나갔다.
 "선생님, 17번입니다."

"야, 이 자식아! 지금이 몇 번인데?" 나를 쳐다보더니, 저 옆으로 걸어가서 저쪽 계시하는 선생님께 가서 이야기하란다.
달리는 아이들 옆의 질척거리는 맨땅을 절룩거리며.
"야, 이 자식아!" 또 한 번 더 욕을 듣고, 난 앞을 볼 수가 없었다.
어떻게 교문까지 나왔는지 기다리고 계시던 선생님이 나를 번쩍 들어주셨다.
"잘 했다! 정말 잘 했어!"
엄마도 나를 정면으로 보시지를 못하셨다

 이 분이 왜 스승이 아닐 것인가?
나의 국민학교 6학년 담임선생님이셨던 조동권선생님 이시다.
 어떤 선생은 내가 쓴 웅변원고를 내가 장애인이기 때문에 웅변대회에 나갈 수 없다고 빼앗아 다른 애에게 원고를 준 사람과, 그래서 나는 선생과 스승을 구별한다.
 또 내가 빠뜨릴 수 없는 두 분의 스승들이 계신다.

중학교

 어린 중학교 입학생이 학교의 야간담당 수위가 되었다.
자주 저녁에 수위실을 비우시는 우리 집 주인아저씨의 외박에, 어리고 무서움을 많이 타던 나는 그 큰 학교의 야간담당 수위가 될 수밖에 없었다.
 술을 매우 좋아하는 주인아저씨는 일과가 끝나고 선생님들이 전부 퇴근하신 후에는, 야간경비는 나에게 물려주시고 자전거를 타고 출타를 하신다.
 혼자서 그 큰 학교를 경비하고 있는 나는, 해만지면 무서워서 수위실 문밖에도 나가지를 못하고 방안에서만 살았다.
 늦게 거나하게 한잔 자시고 들어와서는, 어느 날은 수위실에서 나와 함께 주무시지만 거의가 언덕 너머에 있는 집으로 가신다.
 "누구 아무도 안 왔지?" 하고 물어보시면 끝이다.
 그런데 문제는 아저씨가 집에 가셔도 고민이고, 수위실에서 주무신다고 해도 걱정이다.
집에 가시면 내가 무서워서 걱정이고, 주무신다면 무섭지는 않아서 좋지만 그날 밤은 꼬박 날을 샐 수밖에 없다.
술도 드신 데다 그 고약한 냄새와 더불어 그 우렁찬 코고는 소리는, 조그마한 수위실이 들썩거릴 정도였으니 잠은 고사하고 밖으로 튕겨나가지 않아서 다행이었다.
당신이 말하는 해병대 출신이라, 그렇게 기합도 잘 들고 코고는 소리조차 우렁찬 것인지 그 아저씨는 영락없이 혼자 경비를 서야하는 직업이 천직이신 것 같았다.

그렇게 지내면서 두 분의 선생님을 만나게 되었다.
한 분은 조금 늦게 알게 되신 분이고, 한 분은 그곳에서 생활하면서 얼마 안 되어서 알게 되었다.
　어느 날 저녁에. 그날도 아저씨는 약주를 하러 나가셨다.
늦게 어느 분하고 함께 들어 오셔서는 내게 "선생님께 인사를 드리라."고 하며 소개를 시켜 주셨다.
　"이 애가 아까 말한 그 애요?" 하며 수위아저씨한테 물으시더니
　"여기서 공부하느라 힘들지?
고생한다! 말 들으니 입학성적도 아주 우수하다더니, 장래에 뭐 하고 싶으냐?" 하신다.
　"대법원장이에요. 이인 선생님 같은 대법원장이 되고 싶어요."
　"니가 이인 선생을 알아?"
나는 이인 대법원장이 누구인지도 모른다.
하지만 아버지께서 자주 말씀하신 터라 법조인으로, 그분만큼 훌륭하시고 청렴하신 분이 없는 줄 알고 있었다.
그랬더니 선생님은 웃으시면서 "대단하구나! 열심히 공부해서 꼭 성공하여라!" 하시고는 돌아가셨다.

　키는 약간 크신 것 같았지만, 워낙 살집이 없으시고 굉장히 마르신 약한 분이시라는 첫 인상이었다.
약골이시지만 왠지 고집스런 선비 같은 첫 인상이셨다.
　선생님이 가시고 나서 수위아저씨가 군산고등학교 선생님이시라고 말씀하셨다.
그 당시 군산중학교와 군산고등학교는 같은 캠퍼스에 있어서 서로가 마치 형, 동생처럼 생각하며, 군산 중에 들어가면 군산 고에 가야하는 것은 당연한 순서인 것처럼 생각하였다.

그 후로도 그 선생님은 수위실에 자주 오셨고, 오실 때 마다 당신이 보시던 동아일보나 또는 씨알의 소리, 뿌리 깊은 나무, 샘터 같은 종류의 작은 책을 가져다주시곤 하셨다.

 그 당시 내가 읽기는 너무 어려운 수준의 책이었지만 수위아저씨가 나가시고 무서운 밤이면, 어려워서 무슨 뜻인지도 모르며 교과서보다는 덜 심심해서 읽어보고는 했다.

 무슨 뜻인지도 모르지만 신문은 아버지에게 읽는 법을 배워서 읽을 줄 알았고, 한자도 아버지 어깨너머로 조금은 읽고 앞뒤로 맞추어서 얼추 말을 만들어가며 읽었지만, 그 책에서 처음 접하게 된 함석헌 선생님의 글들은 너무 어려웠다.

그러면서도 함석헌 선생님은, 이인 선생님만큼이나 대단한 지식인이고 양심이구나 하고 느끼며 살게 된 계기가 되었던 것이다.

 선생님은 술을 아주 좋아하시는 것 같았다. 자주 수위아저씨하고 어울리시는 것을 보니…

그 당시만 해도 선생은 수위보다는 한수 위의 신분이었다.

마치 선생들은 고용주이고 수위는 고용인 같은 신분의 차이를 느끼며 살던 때였다.

 그런데 선생님은 당신이 술을 좋아해서 그러셨는지 모르겠지만, 수위아저씨와 아무런 격의도 없이 잘 어울리시며 농담도 주고받으시는 것을 보고 선생님의 격의 없으신 인격이 존경스러워 보였다.

선생님들은 퇴근하시면 누구도 수위실근처에는 얼씬도 하지 않으셨는데, 그 선생님은 자주 오셔서 수위아저씨와 함께 나가서 약주를 하시고 들어오시면서 내게 군것질거리도 사다 주시고 힘드냐고 참고 공부하라며 격려해 주시기도 하셨다.

참, 인자하신 아버지 같으신 선생님이셨다.

 나중에 안 사실이지만 선생님은 수위아저씨와 이웃에 사셨으며, 큰 따님이 나와 국민학교의 동기동창 이었다.
그런데 선생님은 그런 것에는 한마디 내색도 안 하셨고 아주 가난하게 사시는 술을 좋아하시는 선비셨다.

그러다 가끔 수위실에 등장하시는 다른 선생님이 또 한분 나타나셨다. 이 선생님도 역시 술을 좋아하시는 분이셨다.
이 선생님도 수위실에 놀러 오셔서 저녁에 아저씨와 함께 술을 드시려 다니셨고, 수위실에 있는 나를 의아해 하셨지만 아저씨의 소개를 받으시고는 내게 물으셨다.
"무슨 공부가 제일 재미있나?"
"국어하고 사회요."
"그래?" 하시더니 가끔 오시면서 작은 시집을 주고 가시고는 하셨다. 그러시면서 "심심하면 읽어보고 노트에다 자꾸 적어라. 그러면서 외우면 재미있는 생각들이 떠오를 것이다." 하셨다.
 나는 그동안 따로 세계명작집이라든가 하는 책을 사 보지도 못했다. 형님이 월급을 타면 한권씩 사다주던 "알프스의 소녀, 톰 아저씨의 오두막집, 소공녀. 톰 소여의 모험.." 그 정도였다.
 글짓기대회에 더러 나가기는 했지만 시집이 따로 있다는 것을 처음 알았으며, 김소월 이라는 이름도 그 선생님이 사다주신 그 작은 시집에서 처음 알게 되었다.
 정말 심심하면 그 책을 읽었고 가락 같은 운율이 참 재미있었다. 마치 노래처럼.
그런데 이 선생님은 어찌나 털털하신지 와이셔츠에 단추가 전부 달려있는 적이 거의 없으셨지만 그런 것에 개의치 않고 재미있게 웃는 모습과 말씀이 정말 재미있어서 나는 시집을 읽으며 그 선생님의 모습을 생각하면 저절로 시도 재미가 있었다.

그래서 나는 시를 정형시부터 알게 되었고, 지금도 산문시 자유시보다는 정형시를 더 좋아하게 된 것 같다.

나는 이렇게 두 분 선생님을 어린나이에 학교 수위를 하면서 만나게 되었고, 나중에 두 분 선생님은 전부 나의 고등학교 은사님들이 되셔서 직접 나를 가르치시게 되었다.
한 분은 일반사회, 한 분은 국어였다.

고등학교

 이렇게 좋은 선생님들의 격려 속에서 수위실생활을 하면서도 토요일만을 기다렸다.
 아무리 누추한 집이지만 그래도 집이 더 좋아서, 주중에도 집에 들렀다 오기도하고 주중에 두어 번 씩은 어머니가 다녀가셨다.
 그 당시에 일반가정에서는 전화를 개설하기가 어려워서, 부자 집이나 빽이 있는 집이라도 전화를 신청하고 몇 년씩 기다리는 형편이었다.
 그러니 무슨 일이 있어도 집에 연락할 수도 없기 때문에 그 핑계로 내가 주중에도 집에 가거나, 아니면 어머니가 수위실로 오시기도 하여 나와 강당 앞 벤치에서 이야기를 하시다 가시곤 하였다.

 나는 소위 메스컴이나 시청각의 문화적 혜택은 거의 받을 수가 없었다.
 그 당시에는 많은 가정들도 그랬지만 우리 집은 아버지의 경제적 무능력의 합리화로, 텔레비전은 나보다 두 살 아래의 여동생이 나보다 2년 먼저 대학에 진학하여 받은 장학금으로 장만할 정도였으니…
 그 여동생은 4년 동안을 최고장학생으로 모든 학비를 감면 받을 수가 있어서 그 장학금으로 구입했던 것이다.
 그러나 교재 등 만만찮은 학비 때문에 고생하며 대학을 마치고 중등교사로 정년을 하였다.
 바로 이때에야 텔레비전을 처음 접했으니 남들이 이야기하는 "여로"가 어떻고 하는 연속극 이야기나 다른 화제에는 낄 수도 없었다.
 그래서 그런 이야기만 나오면 왕따가 되는 것이었다.
 그 당시의 우리 집의 문화적 혜택은 형이 어떻게 구입한 일제 소니 라디오가 유일했다.

그러니 가족들은 정보에 어두울 수밖에 없었고, 학교가 끝나고 나면 자연과 더불어 노는 것이 취미가 될 수밖에 없었다.

그래서 그런지, 아니면 어머니를 닮아서 그런지 가족들은 다른 사람들에 비하여 감수성과 정서적인 기질이 있는 것 같아 막내 여동생은 나보다 먼저 등단해서 현재 시인이다.

 이렇게 수위실 생활을 하다가 그해 초가을에 집으로 철수하여 집에서 어머니와 함께 등하교를 하게 되었다.

 그동안 등하교 길에서나 가끔 만날 수 있는 두 분 선생님들은 고등학교에 진학하여서 그 분들의 수업을 직접 들을 수 있게 되었다.

한 분은 일반사회의 정치경제를 담당하셨고 한 분은 국어를 담당하셨다.

 본래 국어와 사회를 좋아했던 나는, 더구나 좋아하는 선생님들이시라 수업시간이 더욱 좋았고 따라서 성적도 월등하게 좋았다.

어느 날인가 정치경제시간에 그 선생님이 그러셨다.

 "지금 정부가 개헌을 하려고 하는데, 이번 개헌은 삼선개헌이라고는 하지만 이것은 삼선뿐만이 아니라 영구집권을 하여 독재를 하기위한 획책이다.

그러나 이러한 획책은 오래가지 못할 것이고 박대통령도 영원한 독재자를 꿈꾸지는 않는 것 같다.

왜냐하면 독재를 하기 위해서는 국민들을 우민화하여야 하는데, 우리나라 부모님들의 교육열은 어느 선진국에 비하여도 월등하며, 정부에서도 교육을 권장장려하기 때문에 정부의 목적이 어디에 있더라도 결국은 국민들이 깨우쳐서 인권을 알게 될 것이다.

그러니 국민들이 깨야하고 너희들도 공부를 열심히 하여야 한다.

그 공부라는 것이 학교공부만이 아니라, 여러 책도 읽고 신문들도 보면서 비판정신을 길러야 하는 것이다. 그러려면 많이 알아야한다."라는 말씀이셨다.
 나는 그 말을 듣고 권리라는 것이, 더구나 인간으로서의 천부인권이라는 것이 얼마나 중요한 가치이며 그것을 찾고 알기위한 공부라는 것이 참 공부구나 하고 생각을 하게 되었다.
다른 친구들은 그 수업의 내용을 기억하는지, 아니면 재미없어서 잡담들만 했는지 몰라도 내게는 상당히 쇼킹한 공부였다.
그러면서 선생님은 가끔 교무실로 나를 불러 함석헌 선생님의 작은 책들을 읽어보라고 주시기도 하셨다.
 나는 그때부터 내 속에 잠재해있던 세상에 대한 울분이, 비판의 시각으로 정과 부정의 기준이 어디에 있는지를 확립해나가기 시작했던 것 같다.

 또 한 선생님은 국어담당이셨고, 더구나 이 학년 때는 나의 담임선생님이시기까지 하셨다.
털털하시기는 여전하여 윗주머니에는 항상 볼펜자국이 있었고, 맨 앞자리에 앉아있는 나의 볼펜은 내 것이 아니고 선생님 것이나 마찬가지였다.
출석부 체크하신다고 맨 앞자리의 내 볼펜을 빌려 가시면 그냥 자기 호주머니로 들어가고, 어느 날은 "야, 이거 니꺼냐?" 하시면서 내 것도 아닌 펜을 서, 너 자루를 한꺼번에 주기도하시고.. 저렇게 건망증이 심하셔서 어떻게 수업을 하시는지 의아할 때가 한, 두 번이 아니었으며, 수업을 열심히 하시면 내 자리에는 침이 튀어 심히 불편한 적이 한, 두 번이 아니었다.
그러나 신이나면 정말 신이 들린 듯이 하시는 수업을 다른 친구들은 싫어했지만, 어떤 경우에는 맨 앞의 나와 둘이서만 눈을 맞추며 수업을 하실 정도였다.

 특히 기억에 남는 수업은 이 학년 여름방학에 일주일 동안 특별 수업한 고전문법과 시론 수업이었고, 남들은 재미없다고 했지만 나는 이때의 보충수업이 영원히 내게는 국어공부의 이론적 밑바탕이 되었다고 어디에서라도 말 할 수 있다.

 훈민정음 서문을 가지고 시작한 고전문법은, 동국정운식 한자음 표기부터 시작하여 용비어천가, 두시언해의 문법들을 이용해 설명한 고전문법은 나의 고전강독에 엄청난 눈을 띄어주었다.

 그리고 프린트로 수업한 시론은, 시가 무엇인지에 대한 이해와 시어에 대한 감각을 일깨워 주셨으며, 신이 나서 칠판 가득이 자기 양복의 소매 깃에 분필가루를 허옇게 묻혀가며 열강을 하시는 모습이 내게는 너무 멋져보였다.

나는 지금까지 별도로 문학 강좌를 들은 적은 없고 유일하게 들었던 문학 강좌가 그 때 뿐이었다.

 그리고 선생님은 내가 글을 쓰기를 좋아하고 시에 대한 취미를 가지고 있다는 것을 아시고, 시집을 살 수 없는 나의 형편을 아시므로 김동환의 "국경의 밤'이라든지 김동명의 "파초"등 지금은 제목도 잃어버린 시들로 가득 적힌..

당신이 대학 때 보시던 시들이라며 따로 프린트를 하셔서 교무실로 불러 별도로 내게 주시고는 하였다.

지금도 기억에 남는 보충수업의 시 수업 때, 겨울하늘을 표현하면서 어느 시에서 나오는 겨울하늘 이시라며 "한겨울 추위에 꽁꽁 얼어붙은 하늘이 마치 얼음장 같아, 하늘에 돌을 던지면 얼음장에 돌이 구르는 경쾌한 쨍 소리를 겨울 밤 하늘에서는 들을 수가 있다." 는 표현이 내게는 너무나 멋스러웠다.

그러나 다른 친구들은 그 선생님을 좀 가볍게 평가를 했지만 , 나는 그 선생님으로부터 고전문법과 시작을 배운 것이 나의 문학수업의 시작이고 끝이었다.
여기서 내 자랑을 하자면 나는 국어와 일반사회, 국사는 항상 만점에 가까웠고 그 당시 모의예비고사에서도 한 두 문제씩 밖에 틀리지 않는 수준이었다.
 그러나 세계사와 물리는 서너 개 밖에 못 맞은 나는 완전한 문과 적성의 학생이었다.
이렇게 철저한 문과인 내게 아버지는 약대를 지원하라며 2학년 때 이과로 전과를 시켜버렸다.
그것을 제일 아쉬워했던 분들이 두 분 선생님이셨지만 어쩔 수가 없었다.

 이렇게 하여 중앙대 약대에 응시하여 필기시험에 합격하고 며칠 후 실시한 면접에서 낙방처리 되어 버렸다.
그리고나서 낙담을 하고 있을 때, 이중휘 선생님이 지나가다 들리신 척 하고 집에 오셔서는, 약대는 아무 곳이라도 가서 약사 증만 받으면 되니까 그때 당시의 지방 후기대학인 원광대학의 약대라도 보라고 말씀을 해주셨다.
그래서 나는 싫다고 재수를 하겠다고 우겼었다.
나는 면접에서 내가 예비후보자에 들어가서 불합격 하였나 해서…
그리고 경제적으로도 서울의 대학에 다니기도 어려운 형편인데도 알량한 자존심과 고집에!
 재수를 하고 있는 도중에 선생님은 내게 편지를 보내서 격려를 해주셨고, 나도 선생님과 몇 차례의 서신을 주고받았는데…
 어느 날 어머니한테서 선생님이 돌아가셨다고 연락이 왔다.

내려와 댁에 갔더니 그날이 삼우제날 이었다.
 무슨 연락할 일이 있으시면 작은 따님을 우리 집으로 보내서 연락하시던 분이, 결국은 당신의 부음을 따님 편에 전하셨는데 그날이 삼우제날이었던 것이다.
사모님 말씀이 돌아가시기 전날까지 "창재가 잘 되어야 할 텐데…" 하시더라는 말을 듣고는 엄마와 내가 얼마나 기가 막혔는지 모른다.
차라리 선생님 말씀대로 그냥 후기라도 가서 편히 살 걸~~하며
그러나 후회는 늦었고. 또 낙방하고 또 낙방하고~`
결국은 약대에서 입학결격사유로 처리해서 입학을 불허하는 것을 알게 되었다.
 내가 갈 수 있는 곳은 법대, 상대, 영문과, 국문과… 그것도 교직과목은 이수할 수 없다는 옵션으로…
그래서 국문과를 간다니 글쟁이는 배고프다고 안 된다고..
그래서 그때에야 겨우 지방의 삼류대학 법대에 갔다.
입학하고 이미 예약해두었던 수술을 받는다는 조건으로~~`
그래서 이렇게 돌고 저렇게 돌아 본래의 원위치로 돌아왔지만, 나는 이미 만신창이가 된 이후였다.

 이렇게 어떤 선생님이 선생이었나, 아니면 스승이었나는 서로 인간적 내면을 이해할 줄 알고 정서와 사랑을 소통할 줄 알아야 만이 스승과 선생으로 구분할 수도 있을 것이다.
물론 내게는 선생에 불과한 사람이, 다른 사람에게는 스승으로 받아들여 질 수도 있을 것이다.
그것은 상대적이지 절대적이지는 않을 것이기 때문이다.
그것은 가치기준에 따라 충분히 다를 수 있기 때문이다.
 내게는 이런 인간적인 정을 가지고 계셨던 스승님들이 계셔, 나의 정

신세계의 향도가 되어 주셨다.

그래서 나는 이 세분의 선생님을 내 마음속의 스승님으로 확신하고 있는 것이다.

이제 이리 저리 돌아 어줍잖은 글쟁이가 된 나를 보신다면 뭐라고 말씀들을 해 주실까?

선생님, 이제야 감사의 말씀을 올리겠습니다.

선생님, 저는 지금 제가 하고 싶은 일을 합니다. 그래서 행복하답니다.

정말 고맙습니다. 이중휘 선생님, 박주섭 선생님!

제7부
병상일기

11/2

아프다.
내 팔에 주렁주렁 달려있는 줄들….
수액, 항생제, 무통제…
그리고 그 속에 계속 주입되고 있는 각종 이름 모를 용액들.
 이제 네 번째인가 보다.
그만 끝났으면 좋겠다.
네 번이나 되면 이제는 많기도 하련만….
오늘부터는 그저 모두 잊고, 날이 가는 것조차 잊고 기다려야지.
참, 많이 미안하고 고맙다.
더 이상 쓸 수 없다. 몸도 마음도 너무 아프다.

11/4

창이 넓은, 창가 병상으로 옮겨졌다.
보호자 공간이 넓어, 마음 놓고 잘 수 있어서 덜 미안하다.
좁은 매트에 새우잠을 자고 있는 모습이… 미안하다.
 브라인드를 완전히 제껴 달라고 했다.
밖이 추워 찬바람이 많이 들어온다고 조금만 제키면 안 되겠느냐고?
난 열이 나는데, 가슴이 자주 메어오는데…
창이 넓다.
밖이 많이 보인다.
하늘도 많이 넓다.
오늘 밤은 달도 볼 수 있으려나? 별도?
체온이 내려가지를 않는다.
춥다.
역시 창은 넓은 것이 좋다.
아침엔 떠오르는 해가 저곳 아파트의 sky line에 걸려 있다.
어디로 아침 산책을 떠나는 해오라기 서,너 마리도 볼 수 있고
앞 병동 지붕 끝에 앉아있는 참새라도 볼 수 있어서 좋다.
저 녀석 참새가 방안을 들여다본다.
참 한심하고 애처로운가 보다.
저 녀석이 나를 구경하고 있다. ㅎㅎ
예끼, 이놈아!

11/9

온통 아파트의 지붕들이다.
역시 도회의 풍경은 야간밖에는 볼 것이 없다.
낮에 보이는 모습들은 온통 회색에, 군데군데 줄그어 놓은 별 볼일 없는
초등학교 아이들의 도화지에 불과한데, 그래도 밤에는 실루엣만 남아있는
sky line도…
줄을 이어 달리는 차들의 불꼬리들도….
야트막한 야산의 그림자도…낮 보다는 그림이 더 낫다.
오늘이 며칠인지 핸드폰을 열어 보았다.
그리고 손가락을 꼽아 보았더니, 벌써 일주일이 넘었다.
아직도 오르내리며 간호사들을 애태우고 있는 체온 때문에, 양쪽 겨드랑이 밑에는
ice pack이 떠날 날이 없다.
간호사들이 없을 때는 빼버린다.
너무 추운데, 밖의 날씨 때문만은 아닐 것이다.
집에 닭 모이주고, 개 밥 준다고 집에 갔다.
고맙고, 미안하다. 많이 이해하고, 챙겨 주리라.
사는 것이 뭐 별거고, 알고 모르는 것이 무얼 그리 대수라고…
나 보다 모른다고, 말해도 이해 못하고 통하지 않는 다고….
그렇게 으스대며 살았을까?
정말 미워서 그랬던 것은 아니었는데…..
나보다 더 모르는 것이 안타깝고 미워서 그랬는데… 불쌍하다.

11/12

창 넓은 전망 좋은 방 있나요?
이 어르신 여행오신 줄 아시나봐?
며칠 전 이 병원에 입원을 하면서, 병실담당 간호사에게 부탁했던 말이다.
예전에 꼭 같은 일을 당하여, 여러 차례 투병을 하였던 경험이 있는지라....
또 몇 달을 시선 둘 데만을 찾아야 한다는 것을 잘 알기 때문이다.
장기투병에 있어서의 병상의 위치는, 어시간한 호텔의 최고급 전망의 방을 얻을 수 있는
행운에 버금가는 일인 것이다.
답답하게 막힌 사각의 공간에서, 눈 둘 곳이라고는 아무데도 없으면,
더 가슴이 아파 상처도 쉽게 아물지 않는 것 같다.
 다행이 7인실의 방에 입원을 할 수 있는데다가,
 최고참의 창가의 상석자리가 나의 입원과 함께 퇴원이 되어,
그 자리를 차지할 수 있어, 그래도 지금 이 글이라도 끄적거릴 수 있는 행운을 얻었다.
 거의 매일 아침, 저녁으로 친구 심대무선생이 다녀간다.
그 때마다 너무 고마우면서도 고등학교 시절이 생각이 난다.
왜? 난 저리 못할까?
왜, 무엇 때문에 난 여기에 있어야 하나?
또 아직도 못난 생각을 버리지 못하고 있는 내가 부끄럽다.
이제 거의 다 와버린 인생인데도, 아직도 옛날이 생각나고 비교되어지니...

참, 못났다.
 담당의사는 퇴원을 종용하는 은근한 압박이다.
이제 제도가 바뀌어 급성기환자도 수술 후 2주일 이내에 퇴원을 하게 되었단다.
그 동안 병원을 편법으로 이용하는 환자들 때문에 제도를 정비한 것 같은데…
이렇게 선의의 피해자가 악의의 몇 사람들 때문에 불이익을 받는 세상이 없어져야 하는 투명한 세상이 되어야만 하건만, 아직도 편리성을 추구하는 제도의 일관성은 정말 꼭 필요한 선의의 이용자들에게 많은 피해를 입히게 되니…
옥석을 가릴 수 있는 제도의 개선이 필요한 것 같다.
혼자서 애태우며, 잘 알지 못하고 대처하지 못하고 허둥대는 환자들에게 어떻게 하라고….
아직 깁스도하지 않은 상태로 어떻게 하라고…
버틸 때까지 버텨보아야 할 것 같고, 심교수도 그런 방향으로 밀고 나가는 것 같다.
심교수의 배려가 고맙다.
하지만 언제까지나 이렇게 버티고 있는다는 것은,
 심 교수에게 미안한 일일 것으로 빨리 퇴원후의 대책을 생각해 보아야겠다.

11/13

눈이라도 올 것 같은 깊은 구름 속에, 아파트 지붕너머로 붉은 해가 막 걸쳤다.
일요일 새벽이라 질주하는 차들의 불빛들도 뜸하고, 낙엽이 진 포도위에는 또 낙엽이 덮여져 쌓인다.
창이 넓은 이방의 가치가 제대로 표현되어지는 순간이다.
높이재기를 경쟁이라도 하는 듯,
아파트의 sky line은 멀리서 이렇게 보아도 뜨는 해를 가릴 만큼
어두운데 그 밑의 세상은 얼마나 어둡고 을씨년스러울까?
겨울이고 하늘이 잔뜩 찌푸리면 그것은 틀림없이 눈 일 텐데...며칠 전의 하늘은 비였다.
눈이건 비건 병실의 환자들은 누워있으면 되지만, 밖으로 나다녀야하는 보호자들에게는 깊고 힘든 슬픔의 계절이 온 것이다.
이럴 땐 차라리 계절이 흐르지 않았으면 좋겠지만...
참, 많이 미안하고 힘들다.
밥 차 구르는 소리가 가까이 들린다.
꼬리를 흔들며 먹을 것을 주는 주인을 반기듯이 꼭 먹어야 하나?
믹이~~ 더 먹어~~
보호자는 한 수저라도 환자에게 더 먹이려고 애를 쓰고, 입맛을 잃은 환자는 애써 먹지 않으려고 버티고..
모두가 못 먹어서 아픈 것 같다.
 창밖 건너편 병동 용마루 끝에서 왜가리 한 마리가 앉아 쉬며 안을 들여다보고 있다. 언제부터 거기에서 보고 있었는지는 모르지만...
날아가다가 그 곳을 들렸는지?

그 곳엔 그저 얼룩덜룩한 환의만 걸친 이상한 사람들이...
저희들이 날아다니며 여지 것 보지도 못했던 이상한 사람들만이 가득할 것 인데...
이제 날이 추워지니 여러 마리의 새들이 무리지어 날아서 어디론가 가곤하였는데,
얘는 어찌 가다가 말고는 용마루에 앉아서 안을 들여다보고 있을까?
가다가 갈 곳이 너무 멀어 날개 품이라도 쉬고 있는 것인가,
아니면 저 아이도 어딘가 문제가 있어 병원 병실을 들여다보며 무엇을 부러워하는 것일까?
아니다. 방금 날아갔다.
다행이다.
다쳐서 쉬었다 가는 것이 아니어서...
멀리 날아서 그 곳에서, 인간 세상에는 이런 곳도 있더라고 체험담거리라도 만들어서 떠났다 보다.
그래 건강하게 그 곳까지 잘 가거라!

11/15

요양병원 원장인 친구 이병윤 선생에게 전화하여 요양병원을 타진하였다. 아무래도 요양병원은 특성상 장기적인 요양이 가능할 것 같아서였다.
이곳 의사의 소견서를 보내면 가능하다는 답을 들었다.
요양병원?
사회 복지사 실습을 요양병원에서 잠깐 했지만, 그것은 낮에 이루어지는 형식적인 관찰이었는데…
그 곳은 또 얼마나 힘들어하는 사람들이 생의 마지막을 의탁하며 살아가고들 있을까?
선입견이다.
이제 나의 몫이다.
감수하여야 한다.
어제 밤에 cast를 하였다. 이제 옮기지 못할 구실이 없어졌다.
이송될 준비를 시작하였다.
 병원비가 150만원… 이번에는 상당히 큰돈이다.
미안하다. 갚아야지. 또 누구에겐가 신세를 지게 되었다. 광주?
병윤이가 앰블런스를 보내 주겠다고 한다.
요양병원이다. 띠니야 한디.

제8부
주홍빛 그리움

문헌서원

가을의 포근함이 마당에 가득해도
삽짝 밖 추정일랑 마음에 두지 못해
어즈버, 지난 태평이 온 가을을 채웠다.

낭랑한 율조 속에 들리는 선현들이
가슴에 남겨주는 비수의 소리들로
아늑한 가을마당에 추상되어 내린다.

기울어 헐어가는 한 자락 옷깃 잡아
나라를 지켜내려 글 속에 다독이며
피맺힌 절규 읊으며 추색 속에 묻혔다.

그리움

맘 첩첩 쌓인 곳에 그리움 다져놓고
그래도 건너보며 행여나 전해질까
첩첩 진 한가슴 속엔 피멍으로 남았나

아니다 더 올리며 한 켜씩 올려놔도
오르며 쏟아지는 얄팍한 저 언덕은
먼발치 저 만치 두고 그리움만 그리네

그것이 아니라고 오로지 사랑으로
행여나 답답함에 내뱉은 속마음이
한겨울 아니 눈 오듯 꽃으로나 아소서

가을대추가 붉어지면

청 대추 붉어지면 대 장대 둘러메고
사내놈 힘을 모아 바람도 불어주면
아낙은 큰 바구니에 주워 담아 모은다.

가을볕 고운 날에 마당에 펼쳐 널어
골고루 햇볕 넣어 이것은 누구 집에
저것은 누구 집에도 지극정성 말린다.

약 대추 한 겨울에 뭉긋이 다려놓고
올 겨울 고뿔 없이 나라고 기도하며
웃음 띤 그 얘기조차 지금은 간데없다.

바구니 대추 줍던 아낙은 어찌 알랴?
이 가을 홀로이서 그 장대에 기대서서
붉은 빛 주워 담으며 붉게 운 줄 아는가.

보름달

앞 고개 달 비추니 달빛 속 임의 소리
행여나, 기울이니 소소한 바람소리
진 데를 디디 오나 상기 아니 오시니
타는 듯 깊은 한숨에 빈 달만 올려보네.

부엉이 놀란 소리 행여 임 디딤인가
눈 들어 언덕 멀리 귀 세워 들어본다.
교교한 달빛 비춰 망연한 가슴속에
어느 새 차가운 잎 새 낙엽 되어 날려 진다.

호롱불 심지 밝혀 행여 임 제 오시나
오시는 길 설어서 진 데를 디딜세라
심지 돋워 새로 메어 검댕 긁어 밝혀둬도
예리성 내 발소리에 빈 가슴만 타 오르네.

오일장

한줌의 냉이뭉치 주름진 엄마 손에
산속에, 밭둑에서 대처로 구경나와
오일장 한구석에서 휘둥그레 눈뜬다.

허기진 아버지는 등에 진 나무 한 짐
벗어서 바꿔 마신 막걸리 한 사발에
손에 든 고등어자반 멋지게도 흔들고.

삽짝 밖 골목어귀 온 동네 울리도록
그 좋은 목청으로 육자배기 부르면서
영희 야! 니 애비 왔다 꽃고무신 사왔다.

온 동네 창피해서 엄마는 맨 달음질
아이구! 장하시오 비린 것 사오셨네
등 밀어 방에 넣고는 부엌으로 내닿네.

발에 꿴 꽃고무신 헐렁해 벗어져도
애들은 빨리 크니 이것도 작을 거다
올 겨울 개실 양말은 꽃고무신 맞을 거다.

십칠 번 버스를 타고 있었다.

애써온 그리움을 창 너머 허공 보며
그 산에 그리움이 반 넘어 남겨 진 듯
아닌 듯 먼 산보면서 외로움을 감췄다

그림자 어둠속에 갇힌 듯 스치듯이
외로 꼰 시선가에 남겨진 모습만이
못 본 척 지나치듯이 순간에서 멈춘다.

바람이 차창 가를 두드려 놀란 듯이
후다닥 고개 돌려 허공이 어지럽다
지나간 그 자리에선 온기마저 차갑다

십칠 번 그 안에서 가만히 내려 보는
그리움 함께 가며 그래도 보이는데
차라리 돌아서가며 내달리며 서럽다.

감춰진 서러움이 시골 한길 모퉁이에
흰 바람 비워 돌아 갈 길을 잃었다
저 바람 가는 그곳을 망연히 바라본다.

竹

누군들 알겠느냐 텅 빈 듯 네 마음을
비바람 찬 서리에 이리 흔들 저리 흔들
속 비어 속이 없으니 속없는 줄 아는가.

텅 비어 소리 없는 심중을 담아내려
없는 듯 있는 소리 가만히 들어보면
모든 걸 비워내고서 허허로이 살리라

세상에 맘 없으니 비우고 살고지고
욕심에 가득차서 바람에 부러져서
허영에 가득 찬 마음 축 늘어진 가지도

허탈한 웃음으로 쓸쓸히 바라보고
네 마음 못 비우고 애태워 갈망하니
세상사 속절없음은 허공 속에 담았다.

仁

한치 앞 안개 속을 못 보는 인간이라
내 조금 참아내며 먼 길을 둘러가니
모자라 그러 하는 줄 어리석은 사람아

성냄은 사나워서 나까지 다치고서
뒤 돌아 후회하며 그나마 참아내도
참을 忍 다스렸어도 잃지 않을 성정을

道로써 세상살이 너무나 어려워도
갈고 또 참아내며 나로써 이겨내면
차라리 세상인심을 잊고서야 살리니.

역지사지

세상에 생겨나서 사는 법 수 만 가지
생각이 서로 달라 이해를 못하지만
나 보다 너의 마음도 헤아리며 살아야.

나도 너 생각하며 너도 나 생각하면
밝은 해 대명천지 어둠이 없으련만
너는 나 이해 해줘도 나는 너를 모르니

정글 속 아귀다툼 모두를 더럽히니
나 혼자 그리 살아 천만년 살겠는가
한번뿐 귀한 세상을 진심으로 살으리

높은 세 부귀영화 죽으면 허망인데
북망산 골짜기에 누워서 가지려나
사나운 욕심까닭에 남 눈에 핏물 짓네.

인연2

그 임이 머리 베고 노곤한 몸을 뉘던
춤 낮은 베개 내어 가만히 그리워서
어리는 사랑한 모습 내 품에서 숨 쉰다.

원앙침 아니어도 나란히 몸을 뉘어
전생의 인연 물어 사랑한 그 날들이
이생의 그리움 되어 뜬 눈으로 지새운다.

포근한 그 베개에 홀로이 몸을 뉘고
분홍 빛 이불 덮은 그 날의 운우 정에
이제야 찾은 사랑에 전율마저 저린다.

인연은 세월 따라 사랑을 보냈어도
아까운 광음 같은 쉬 떠날 남은 날들
절대로 거저 보내고 옛 뇌이지 않으리..